EXCELENCIA EN LA GESTIÓN, CALIDAD TOTAL

ORGANIZACIONES DE CALIDAD, ORGANIZACIONES DE ÉXITO
Versión junio 2016

Enrique Miguel Sánchez Motos

esm@adlc.es

Portada elaborada por Miguel Angel Segura Ureta
basada en una imagen de www.freepik.es

A mis padres

INDICE

1 INTRODUCCIÓN

2 ¿QUÉ ES EL ÉXITO?

3 EL DIRECTIVO Y LA MISIÓN DE LA ORGANIZACIÓN

4 LA PLANIFICACIÓN, GRAN ALIADO Y TERRIBLE ENEMIGO
- 4.1 LA PLANIFICACIÓN ESTRATÉGICA
- 4.2 LA DIRECCIÓN POR OBJETIVOS
- 4.3 RIESGOS DE LA PLANIFICACIÓN ESTRATÉGICA Y LA DPO

5 LA ESTRUCTURA ORGANIZATIVA

6 EL DIRECTIVO COMO GESTOR DE PERSONAS
- 6.1 LAS CUALIDADES NATURALES
- 6.2 LAS HABILIDADES ADQUIRIDAS
- 6.3 LAS CARACTERÍSTICAS DE LA ORGANIZACIÓN
- 6.4 LOS INTERESES Y MOTIVACIONES DEL PERSONAL
- 6.5 PRINCIPALES TEORÍAS DE MOTIVACIÓN DEL PERSONAL

7 TRAS LA TEORÍA, LA PRÁCTICA: ¿QUÉ HACER?

8 EL CONCEPTO DE CALIDAD
- 8.1 UNA CIERTA CONFUSIÓN
- 8.2 CALIDAD DEL PRODUCTO
  - 8.2.1 La Calidad desde el punto de vista del cliente
  - 8.2.2 La Calidad desde el punto de vista de la empresa
  - 8.2.3 Calidad simultánea para cliente y organización
- 8.3 CALIDAD DEL PROCESO
- 8.4 CALIDAD TOTAL
  - 8.4.1 Qué es Calidad Total
  - 8.4.2 Qué no es Calidad Total
  - 8.2.3 Definiciones de Calidad y Calidad Total

9 LOS CUATRO PILARES

9.1 LOS CLIENTES EXTERNOS
9.2 LOS CLIENTES INTERNOS
   9.2.1 Disparidad de opiniones entre Jefes y Empleados
   9.2.2. Los Proveedores como Clientes Internos
9.3 LOS PROCESOS
9.4 LA MEJORA CONTINUA

10 EL BENCHMARKING

10.1 ¿QUÉ CARACTERÍSTICAS SE PUEDEN COMPARAR?
10.2 ¿CÓMO RECOGER LA INFORMACIÓN ADECUADA?
10.3 RECOMENDACIONES RESPECTO A LA OBTENCIÓN DE
      DATOS DE BENCHMARKING.
10.4 ¿EN QUÉ MOMENTO HACER COMPARACIONES?
10.5 LIMITACIONES DEL BENCHMARKING

11 COSTES DE LA CALIDAD

11.1 COSTES DE FUNCIONAMIENTO Y COSTES DE LA CALIDAD
11.2 COSTES DE LA NO CALIDAD
11.3 ¿CÓMO CALCULAR LOS COSTES DE NO CALIDAD?

12 CÍRCULOS DE CALIDAD O GRUPOS DE MEJORA

12.1 ¿QUÉ SON LOS CÍRCULOS DE CALIDAD?
12.2 FILOSOFÍA DE LOS CÍRCULOS DE CALIDAD
12.3 CÓMO MOTIVAR A LOS CÍRCULOS DE CALIDAD
12.4 CÓMO EVALUAR LOS CC
12.5 REQUISITOS PARA EL ÉXITO DE LOS CC

13 ESTRUCTURA ORGANIZATIVA PARA LA EXCELENCIA

14 CÓMO IMPLANTAR LA EXCELENCIA

15 ERRORES FRECUENTES EN LA IMPLANTACIÓN DE LA EXCELENCIA

16 CÓMO EVALUAR SI SE ESTÁ APLICANDO LA EXCELENCIA

16.1 EL MODELO EFQM. SU ORIGEN

16.2 CONTENIDO DEL EFQM
    16.2.1 Los nueve criterios del EFQM.
    16.1.2 El ciclo PDCA
    16.1.3 El sistema de puntuacion

17 CONCLUSIONES

18 BIBLIOGRAFÍA

SECCION I.

EL ÉXITO Y LA ORGANIZACIÓN

1   INTRODUCCIÓN

El reto de lograr el éxito en una organización implica **dirigirla hacia** el éxito y **mantenerla** en él. El éxito puntual, el éxito del momento, el éxito derivado de una decisión fortuita o el éxito de una inversión decidida por azar, es mera apariencia y se desvanece en breve. Se trata de mera casualidad, no es un éxito verdadero.

Hay que diferenciar el éxito como resultado de la actuación de un directivo, de la suerte de quien, por casualidad, resulta ganador del primer premio de la Lotería.

El éxito, cuando es debido a la acción del directivo, es una situación relativamente estable que permite **reiteradamente** que la empresa u organización obtenga buenos resultados, dentro del marco de su misión o razón de ser, a pesar de los cambios del contexto económico social, con exclusión, obviamente, de las catástrofes naturales y de las grandes crisis sociales o económicas de difícil previsión.

El éxito cuando es atribuible a la actuación del directivo, requiere un **saber hacer**, una visión a medio y largo plazo y una **filosofía** de dirección.

La improvisación con que antaño se gestionaban las organizaciones y el estilo de dirección personalista dieron paso a la búsqueda de nuevas formas de gestión y al diseño de técnicas cuya lógica, cuya racionalidad, permitieran una gestión **consciente** de los distintos recursos con que cuenta la organización.

En consecuencia, se pretendió la realización de un modelo de gestión que no fuera fruto de la mera improvisación del momento sino de una línea coherente de actuación previamente definida.

Ahora bien, pronto se constató que no parecía haber ninguna receta absoluta, válida en todo momento y en toda circunstancia. Por el contrario, lo que el directivo encontraba era una amplia y variada gama de respuestas sobre cómo optimizar el uso de los distintos recursos de la organización, en especial, los recursos humanos.

Estas respuestas **fueron variando** en el tiempo. En una época, o por un autor, se proponía poner el énfasis de la gestión en unos aspectos; en épocas posteriores, o por autores diferentes, se sugería poner el énfasis en otros.

Así, Fred Taylor[1], subrayó la importancia de centrarse en la revisión de los **procesos** de producción; otros, como Münsterberg[2], enfatizaron la importancia de que el directivo fuera un buen **psicólogo** para motivar a cada empleado y para

---

[1] Frederick Wilson Taylor (1856-1917), autor de la llamada "Organización Científica del Trabajo". Su libro más conocido y trascendente fue el "Principios del Management Científico" publicado en 1911.

[2] Hugo Münsterberg (1836-1916), considerado el padre de la Psicología Industrial. Su libro más conocido es "Psicología y Eficacia en la Industria", publicado en 1912.

crear un ambiente adecuado; otros, como Elton Mayo[3], subrayaron que lo más importante era crear un clima de buenas **relaciones humanas** dentro de la empresa, etc. etc.

Posteriormente, el problema se complicó. Se observó que no bastaba con concentrarse en la optimización de los distintos factores, en especial el personal, que intervenían en los procesos de producción.

No bastaba con preocuparse de la tecnología, del diseño de procesos, o de la gestión psicológica de los recursos humanos, o en crear un clima de buenas relaciones humanas dentro de la organización.

Era necesario también tener en cuenta **muchos otros factores** tales como:

- la variabilidad creciente del entorno económico y social,
- las expectativas de negocio,
- el tipo de productos y servicios requeridos,
- los cambios en la tecnología,
- la ampliación del mercado,
- la aparición de nuevos competidores,
- los nuevos contextos políticos y sociales,
- la necesidad de buscar un equilibrio interno entre poder, responsabilidad y autonomía
- Etc

---

[3] George Elton Mayo (1880-1949), considerado el fundador de la sociología industrial y en especial de la "Teoría de las Relaciones Humanas". Publicó en 1933 "Los Problemas Humanos de la Civilización Industrial"

La pluralidad de factores que tenían incidencia en el éxito de una organización llevó a la conclusión de que **no existía una receta mágica** para la gestión. Tampoco era posible dejar el éxito al albur de la aparición de un líder carismático con poderes cuasi milagrosos, poseedor de una bola de cristal para ver el futuro y proponer actuaciones.

Como consecuencia surgió un creciente interés por el **estudio de la función directiva**, en sus vertientes de dirección, organización, control y coordinación. Ello se plasmó en una considerable expansión de la formación en las llamadas Escuelas de Negocios, cuya finalidad era hacer que el papel del directivo fuera percibido **como una profesión** basada en el conocimiento de unos principios, unas metodologías y unas técnicas concretas de gestión.

Numerosas obras se han publicado y publican como consecuencia de este interés. Unas son manuales generales de estudio; otras abordan aspectos específicos (liderazgo, estrategia, planificación, equipos de trabajo, etc.); otras narran experiencias concretas de dirección; otras proponen una filosofía concreta y una determinada práctica de gestión.

El presente libro se encuadra entre estas últimas y propugna el sistema hoy frecuentemente denominado de Excelencia, antes de Calidad Total.

El cambio de nombre de Calidad Total a Excelencia ha pretendido dejar claro que ésta es más amplia que los sistemas que pretenden

certificar la "Calidad de los Procesos" (modelos ISO 9000 y similares).

La Excelencia en la Gestión presenta **un enfoque integral de la Gestión Directiva** que pretende lograr que ésta pueda ser calificada de Excelente, por aunar una gestión integral de los **Recursos** (incluyendo el estilo de liderazgo, los recursos humanos, los recursos materiales y tecnológicos y los procesos) y un enfoque global en los **Resultados** (económicos, clientes la satisfacción, la satisfacción de los recursos humanos y el impacto de la sociedad).

Para abreviar se suelen utilizar las siglas TQM del inglés Total Quality Management para referirse al sistema de Excelencia o Calidad Total. En este libro se usan las **tres denominaciones como sinónimos.** (TQM, Excelencia o Calidad Total)

En la 8ª Conferencia Europea de Calidad (Luxemburgo, octubre de 2015), el profesor Y. Emery, de la Universidad de Lausana (Suiza), destacó **tres ideas clave**:

1. La Gestión de la Calidad se ha convertido en algo muy técnico que se asocia con frecuencia con todo tipo de sellos y certificaciones: los auténticos **orígenes** de la calidad de la gestión **han sido olvidados.**

2. Existe una increíble cantidad de organizaciones, normas y marcos de calidad, publicaciones, revistas especializadas, consultores y premios: pero **¿qué es la Calidad?**

3. La Gestión de la Calidad tiende a ser percibida como algo deshumanizado y con frecuencia es criticado por los profesionales que no se sienten identificados con ella: **¿hay alguna manera de conciliar** gerentes, especialistas en gestión de calidad y profesionales?

Este libro, muy en línea con estas tres ideas del Prof. Emery, subraya que la Gestión de la Calidad original, más tarde conocida como Calidad Total de la Gestión (TQM) y, hoy en día Excelencia, corre el riesgo de quedar oculta detrás de los árboles (metodologías, sellos, certificaciones, etc.). *"Los árboles no dejan ver el bosque"*
Esa es la razón por la que este libro comienza haciendo una breve aproximación a los principales temas de Gestión tales como el liderazgo, la estrategia, la planificación, la gestión por objetivos y gestión de los recursos humanos.
La Excelencia o Calidad Total de la Gestión adopta una posición muy específica respecto a todos estos temas de gestión.

El libro va dirigido, **en primer lugar**, a las personas de acción y **directivos** de alto nivel, a los gestores frecuentemente desbordados por el intenso quehacer del día a día. Dado que el tiempo es oro para ellos, este libro ha pretendido utilizar un lenguaje claro, directo, para poner de manifiesto, con terminología fácilmente inteligible, los factores esenciales que permiten transformar a una organización normal en una organización de éxito.

En consecuencia, por un lado se ha puesto especial énfasis en enumerar y definir los factores esenciales de toda organización para facilitar el análisis que todo gestor debe hacer del funcionamiento de la organización que dirige. Por otro, se explican, justifican, propugnan y someten a la consideración del lector una serie de medidas específicas de dirección que se consideran las más adecuadas para dinamizar la organización y conducirla hacia el éxito.

En **segundo lugar**, el libro está dirigido a **profesores y alumnos** de Técnicas Gerenciales. La verdad teórica ilumina la experiencia práctica y ésta permite, a su vez, interiorizar la verdad.

Bajo este prisma el libro propone, de forma motivada, una determinada línea de gestión, la llamada Excelencia o Calidad Total, a efectos de que, profesores y alumnos, puedan contrastarla con el marco teórico general sobre la función de Dirección y puedan analizar sus ventajas e inconvenientes respecto a otras propuestas actuales.

Todo directivo debería ser consciente de la filosofía de gestión que adopta ya que la misma va a impregnar su forma de dirigir. Su actuación en todos sus niveles y ámbitos, desde cómo modificar los procedimientos hasta cómo guiar a sus subordinados, quedará encuadrada por su determinada filosofía o forma de concebir la Dirección.

Todas las técnicas específicas, tales como la Planificación Estratégica, la Dirección Por Objetivos, la Evaluación del Desempeño, la Organización por Procesos, la Dirección de Equipos de Trabajo, etc., etc. funcionan de forma muy diferente según sea el marco filosófico de la gestión en que se encuadren.

El presente libro postula una filosofía de gestión determinada. Ahora bien, la palabra filosofía no debe hacernos pensar que este libro sea un libro teórico. Por el contrario, se trata de un libro eminentemente práctico que comienza por plantear una cuestión básica, ¿qué es el éxito?

A continuación reflexiona sobre los principales elementos en los que se centra la función directiva.

Después propone una filosofía clara acompañada de un marco de líneas de gestión concretos que son esenciales para el éxito de la gestión de una organización tanto en el contexto actual como en el inmediato futuro.

Finalmente, el libro concluye apoyando una metodología concreta, el Modelo Europeo de Excelencia Empresarial, profundamente conectado y heredero de los modelos japoneses y americanos. Todos ellos son muy valiosos para que los Directivos, los gestores puedan comprobar, autoevaluándose, si están aplicando correctamente los pilares necesarios clave de una gestión excelente.

Confiamos en que el lector no quedará defraudado y nos ponemos a su disposición para cualquier opinión o comentario en el correo electrónico esm@adlc.es

2 ¿QUÉ ES EL ÉXITO?

Los directivos auténticamente profesionales desean que las organizaciones que dirigen alcancen el éxito. Pero ¿qué es el éxito?

A esta pregunta se pueden dar múltiples respuestas.

Para un buscador de piedras preciosas, el éxito puede ser sinónimo de encontrar una esmeralda de gran valor.

Para un jugador, el éxito puede consistir en ser agraciado con un importante premio de la Lotería.

Para un empresario, el éxito puede ser aprovechar una coyuntura de escasez y exportar sus productos a precios muy superiores a los habituales en el mercado, lo que le permitiría generar un alto nivel de beneficios.

Para otro, el éxito puede consistir en diseñar un nuevo producto que tenga gran aceptación por parte de los consumidores, etc.

Hay, por tanto, **multitud de enfoques diferentes** respecto a qué se entiende por éxito.

Sin embargo, ninguno de los citados se ajusta adecuadamente a la definición de éxito que propugnamos en este libro ya que ninguno de ellos garantiza que la organización seguirá teniendo éxito cuando pase ese momento de fortuna.

Sugerimos la siguiente definición:

El éxito de una misión es **la adecuación de forma constante, de los resultados a los objetivos, obteniendo un valor añadido neto alto.**

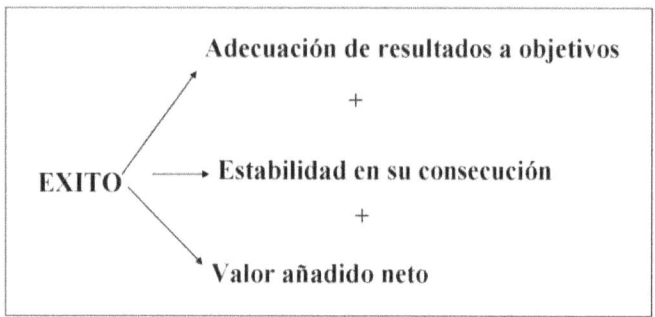

El éxito al que nos referimos no es pues un éxito imprevisto sino un éxito **logrado** por la **adecuación** de los resultados a los objetivos **previamente** definidos.

La idea de adecuación de los resultados a objetivos implica una definición **previa** de objetivos y una **acción** posterior **para** obtener resultados. Se excluye por tanto el "éxito" obtenido por azar, por casualidad. Se trata del "éxito **en la misión** que nos habíamos propuesto".

Esta definición de éxito incluye, además, otros dos elementos, **estabilidad y valor**, cuyo significado hay que precisar.

Por **estabilidad** entendemos la habilidad para **mantener en el tiempo una determinada situación.** En el caso que nos ocupa, el éxito de una organización, requiere mantener en el tiempo la adecuación entre resultados y objetivos.

Dado que la realidad es cambiante, *"nadie se baña dos veces en el agua de un mismo río"* como dijo Heráclito[4], **los objetivos deben ir evolucionando** y, por tanto, los resultados deben ir adaptándose a la nueva definición de objetivos.

No obstante, los grandes objetivos no suelen variar radicalmente salvo que se modifique sustancialmente el objeto o misión de la organización.

Por ello, es razonable pretender una cierta estabilidad en la adecuación de los resultados a los objetivos, lo cual no excluye el que se produzca una evolución, tanto de los productos como de los procesos, y, consiguientemente, una modificación de las distintas relaciones, tanto internas (procesos, estructura organizativa, etc.) como externas (clientes, productos, etc.) de la organización.

Por ejemplo, es indudable que Ford puede considerarse una empresa de éxito ya que ha mantenido una cierta estabilidad entre sus objetivos (obtener éxito en la actividad de producción de automóviles) y los resultados de su negocio. Sin

---

[4] Heráclito (535.435 a.C.) filósofo griego de la Escuela de Mileto, en Asia Menor.

embargo, como es obvio, tanto sus productos como las formas de producción, como las relaciones jefes-empleados o empresa-clientes, han experimentado una radical evolución en los últimos 50 años.

La definición de éxito que hemos propuesto incluye también el concepto de "obtención de un **valor añadido neto alto**". ¿Qué cabe entender por ello?

Por **valor** se hace referencia no sólo al resultado económico obtenido por las actividades realizadas por la organización sino también al valor adquirido por la propia organización vista desde fuera, es decir no sólo a los beneficios económicos sino también la mejora del valor de mercado que haya logrado una organización por su posición, imagen, creatividad, dirección, visión de futuro etc.

La idea de valor **añadido** (beneficio) se refiere al valor real de la organización con respecto a su valor en un momento anterior. Este valor añadido es la suma del valor generado por las actividades de la organización, más el aumento del valor de la misma organización (su mercado o valor social).

El concepto de valor añadido **neto** se refiere al valor de los productos generados, menos el coste de producir los productos. También se refiere al valor de la organización tras deducir los costes involucrados en lograr el aumento del valor de la organización (formación, expansión a nuevos mercados, imagen, propiedad intelectual, inversiones, etc.)

El valor añadido neto se refiere al excedente, o diferencial, representado por el valor de la posición alcanzada **en comparación con** la posición de salida, menos el coste de los medios utilizados para generar el nuevo nivel de valor.

El valor añadido neto también puede ser definido, durante un período determinado, como la suma beneficios y del crecimiento del valor de la organización. Este valor añadido neto puede ser negativo cuando en lugar de los beneficios hay pérdidas o cuando el valor de mercado, o el valor social, de la organización disminuyen.

El concepto de **beneficio**, dependiendo del tipo de organización, se refiere al beneficio económico de las empresas que operan en el mercado, pero también puede referirse a otros tipos de beneficios, como, por ejemplo, la buena imagen que un hospital puede tener en una ciudad.

El incremento de **valor de una organización** hace referencia al diferencial de valor que la nueva situación alcanzada representa respecto al punto de partida. Así por ejemplo, en el caso de las empresas que operan en el mercado, cabe hacer referencia al incremento de valor que nuestra organización, si cotiza en Bolsa, ha alcanzado respecto al valor que tenían sus acciones inicialmente.

Este incremento de valor puede superar con creces a los beneficios anuales e incluso al importe que se obtendría si se capitalizaran los beneficios de esa empresa u organización.

En el mundo de la Bolsa es muy frecuente que el valor de la totalidad de las acciones de una empresa arroje una cifra muy superior a la que se obtendría si se capitalizaran, a largo plazo, los beneficios que la empresa ha obtenido en el último ejercicio. Ello se debe a que la Bolsa tiene en cuenta no sólo los rendimientos económicos de la empresa a corto plazo sino también las **expectativas** de beneficios futuros que su creatividad, influencia, organización y dinamismo hacen prever.

La idea de éxito **no se limita tan sólo** al ámbito de las empresas que operan en el **mercado**.

Hay muchas organizaciones cuyo éxito no se mide por resultados económicos. Así, el éxito de un Partido Político puede medirse por sus resultados electorales (votos obtenidos o evolución de la intención de voto del electorado respecto a la situación anterior), y también por la mejora de su valor global como organización (consolidación como Partido o expectativas políticas)

En el caso de un Gobierno, el incremento de su valor como organización puede basarse en que haya demostrado su capacidad para cumplimiento de objetivos, tales como el incremento del nivel de empleo, el establecimiento de un sistema de educación nacional, la reducción de la delincuencia, la mejora de su imagen de estabilidad y honestidad, la constitución de un equipo directivo dinámico, cohesionado y fiel, la reducción de la prima de riesgo, etc.

3 EL DIRECTIVO Y LA MISIÓN DE LA ORGANIZACIÓN

El papel del directivo es determinante para el éxito.

Al directivo corresponde ante todo el diseño y, posteriormente, el desarrollo de la misión de la organización. La misión es el **"para qué"** de la existencia de la organización.

El primer reto del directivo es adoptar una posición conceptualmente sólida, **coherente con la misión**, o propósito general, que tenga asignada su organización.

Esa toma de posición incluye incluso la opción de disolver la organización que dirige, si estima que la misma carece de viabilidad. En términos militares equivaldría a la rendición, cuando se estima que no hay ninguna posibilidad de ganar la guerra y que, con ello, se ahorran a la sociedad males mayores[5].

En la dialéctica entre Misión y Medios, **la Misión es primero y los Medios después**. Ello no quiere decir que sea adecuado diseñar misiones y seguir adelante sin preocuparnos si tenemos o no medios para ejecutarlas. Lo que se pretende decir es que la definición de la misión y de su contenido

---

[5] Recordemos que hay empresas cuya misión es liquidar empresas en quiebra

es lo primero, aunque a continuación, y como condición previa a su puesta en marcha, se tiene que pasar por el tamiz de la realidad de los medios disponibles o conseguibles.

En todo caso, lo primero y principal es tener una idea clara de **hacia dónde** se quiere que vaya la organización.

Una vez definido el objetivo global y los objetivos concretos es cuando debemos preocuparnos por ver si disponemos de los medios necesarios (metodologías, herramientas y recursos). En el caso de que no los tengamos o de que no los podamos obtener, es cuando procede redefinir a la baja los objetivos, en el marco de la misión, para establecer un nuevo nivel de objetivos coherente con los medios disponibles.

Incluso podría ser necesario proponer un cambio radical de la misión si los medios disponibles no encajaran con la misión.

La misión de la organización debe ser **ambiciosa** pero no imposible. Muchos de los fracasos empresariales se deben a haber elegido misiones imposibles por definición, o inalcanzables dados los medios disponibles o las condiciones del entorno.

Una de las mayores dificultades con que se encuentran los estrategas consiste en valorar bien el contexto en que se va a desarrollar su misión.

Napoleón y Hitler se estrellaron contra la climatología y la extensión de la Rusia que invadían. La dureza del invierno ruso y las grandes distancias contribuyeron en gran medida a sus respectivos fracasos militares.

La búsqueda de El Dorado por Lope de Aguirre se estrelló ante lo irreal del mito: no se podía encontrar lo que no existía.

El Gobierno americano fracasó en Vietnam cuando los medios de comunicación pusieron a la opinión pública en su contra propugnando la retirada a cualquier precio.

Todo ello pone de manifiesto que para lograr el éxito es fundamental ser consciente de la realidad del entorno en que se desarrolla la misión.

En el capítulo anterior aludimos a Heráclito. Para él todo está en perpetuo cambio y hay que ser consciente de esa realidad: el agua fluye constantemente por el río; por tanto nunca nos volveremos a bañar en la misma agua y por ello, dice Heráclito, *"no nos podemos **bañar dos veces en un mismo río"***.

Otro filósofo griego, Parménides[6], por oposición a Heráclito, señaló lo contrario: *"**nada cambia** en realidad ya que la esencia es inmutable"*. También él tenía razón: aunque no nos volvamos a bañar en la misma agua, el río, en tanto que corriente de agua, permanece y por tanto también cabe afirmar que nos volvemos a bañar en el mismo río.

---

[6] Parménides (539-480 a.C.) Filosofo griego de la Escuela de Elea, colonia griega en el sur de Italia

De forma similar hay algo que todo directivo debe recordar siempre: **Tener** claro el **tipo de valor** que pretende alcanzar y, en función de él, **establecer** objetivos y **evaluar** si los resultados aportan o no ese valor.

Si lo que considera hoy en día como la esencia del valor principal, cambiara constantemente a otro valor, como puede ser la imagen de empresa o la expansión en el mercado, entonces nunca será capaz de establecer objetivos claros. Debe haber algo de valor permanente a medio plazo. De lo contrario, su gestión puede llevar a la organización sin rumbo y sin objetivos claros, como un pollo con su cabeza.

Una sabia opción directiva podría ser estar dispuesto a reconvertir completamente la empresa, abandonando su anterior gama de producción que haya quedado obsoleta y pasando a producir otra diferente, siempre con la orientación de obtener éxito económico.

Lo esencial, lo permanente, en este ejemplo es el concepto de Valor (éxito económico,) y lo secundario, lo modificable el Tipo de Actividad a que se vaya a dedicar la organización.

Los **objetivos** son una variable fundamental para lograr el éxito. Sin embargo, no basta con definir unos objetivos y perseverar hasta que los resultados se adecuen a los objetivos previstos.

Es asimismo necesario revisarlos **periódicamente** para garantizar su factibilidad y su adecuación a las condiciones cambiantes del entorno.

Objetivos, Resultados y Entorno son los tres vértices del triángulo del éxito. El directivo tiene responsabilidad directa sobre los dos primeros: Objetivos y Resultados.

Sin embargo, el Entorno escapa en gran medida a su control. Puede variar en función de las circunstancias políticas, la situación social, los mercados internacionales, etc.

No obstante, el directivo tiene, respecto al Entorno, la responsabilidad de estar **razonablemente informado** sobre las previsiones, las expectativas, las innovaciones. Es importante subrayar el adjetivo razonablemente informado pues, salvo que el objetivo fundamental de la organización sea el efectuar previsiones, divulgar la innovación, etc., (como es el caso de los órganos o empresas dedicados a estudiar la coyuntura económica o social) lo lógico es que el directivo sólo dedique una fracción limitada de su propio tiempo a buscar y analizar la información sobre las perspectivas generales de evolución del entorno económico y social local, nacional y mundial.

Una frase afortunada es la siguiente: *"Los líderes se adaptan a los cambios pero también los provocan y llevan la iniciativa"*, en la cual se señala la responsabilidad del directivo de estar atento y saber reaccionar ante los cambios así como de preverlos en la medida de lo posible e incluso provocarlos para tomar la iniciativa.

4 LA PLANIFICACIÓN, GRAN ALIADO Y TERRIBLE ENEMIGO

La reflexión, la toma de decisiones, y la buena gestión no garantizan por sí solas el éxito.

El éxito tan sólo es seguro cuando se ha logrado y en tanto en cuanto se mantiene. Ahora bien, determinadas actuaciones del directivo, tales como la Planificación, constituyen esfuerzos positivos para lograr buenos resultados de forma continuada, es decir, el éxito.

La planificación es el proceso de reflexión que ayuda a la toma de posición del directivo ante el futuro a corto, medio y largo plazo.

Es una herramienta directiva muy eficaz pero por sí sola tampoco garantiza el éxito. Así, utilizando el símil militar conviene recordar que, en la mayoría de casos, ambos bandos tienen su respectiva planificación estratégica y sin embargo tan sólo uno de ellos gana la guerra.

Afortunadamente, la vida económica y social no es como el escenario militar en el que la victoria se obtiene siempre a costa de la derrota del enemigo. En la economía, y en la relación social, es posible incrementar el beneficio general sin requerir el exterminio de los competidores o adversarios.

La historia de las naciones muestra claramente que la riqueza y el bienestar del conjunto pueden incrementarse. Si las distintas naciones cotizaran en una hipotética Bolsa observaríamos que su valor hoy es muy superior al que tenían hace 10, 20 o 50 años.

En efecto, salvo raras excepciones, el Producto Interior Bruto, e incluso la Renta per cápita de las naciones, ha crecido no sólo en términos nominales sino también en términos reales, una vez deducido el efecto de la inflación.

Esto demuestra que la riqueza global no es una tarta de tamaño limitado en la que lo que unos ganan es consecuencia de lo que otros pierden. Por ello, el reto fundamental de todo directivo es gestionar eficientemente y estar dispuesto a crear nuevas líneas de producción que aporten valor así como a renunciar a ofrecer productos y servicios que hayan dejado de tener demanda (y por tanto valor de mercado).

Reorientar el uso de los recursos disponibles es una **responsabilidad crucial del directivo**.

La frase *"cuando existe una necesidad en el mercado todos la oyen, pero sólo un líder la escucha"* refleja con gran precisión la realidad. No todos actúan como líderes innovadores; muchos se contentan con seguir los caminos abiertos por otros. Para responder a las necesidades del mercado o de la sociedad, el directivo debe promover que la empresa tenga un concepto dinámico de sí misma y fomentar la creatividad, la innovación y la adaptación.

La **planificación** es uno de los instrumentos que **debe ayudar al líder a otear el horizonte,** a tener olfato empresarial. Y resalto que "**debe ayudar**" ya que a veces la planificación actúa como una complicación adicional, como un obstáculo.

Esto ocurre así cuando el plan se elabora alejado de la realidad sobre la que se pretende actuar o cuando es un instrumento tan rígido que ralentiza y dificulta la toma de decisiones para adaptarse rápidamente a las nuevas circunstancias.

En esos casos el diagnóstico es claro: el líder no ha conseguido crear un mecanismo de planificación eficiente y debe proceder a reestructurarlo con urgencia.

Otra gran finalidad de la planificación es **facilitar la Adaptación al cambio.** Hay que evitar en lo posible tener que reaccionar constantemente ante imprevistos. Siempre pueden sobrevenir circunstancias impensadas pero las organizaciones deben haber reflexionado sobre la dirección posible de los cambios para estar en posición de sujetos capaces no solo de adaptarse sino incluso de provocar el cambio y llevar la iniciativa.

La planificación debe ser también un instrumento que permita comprobar **en qué medida los medios son adecuados a los objetivos** que la organización pretende alcanzar. Al desagregar los grandes objetivos en objetivos más concretos se pueden cuantificar mejor los medios necesarios para alcanzar cada uno de ellos y, en consecuencia, llegar a definir el total de medios necesarios y su adecuación o no a los realmente disponibles.

4.1   La planificación estratégica

La planificación estratégica es la vertiente más dinámica y más compleja de la planificación. La palabra estrategia alude a una **elección racional** de la línea principal de actuación a seguir, tras haber realizado una previa, cuidadosa y mesurada enumeración del conjunto de líneas de acción posibles.

Esta enumeración general se suele hacer tras tomar en cuenta:

- las **Fuerzas** o capacidades de la organización
- las **Debilidades** o carencias de la organización
- las **Oportunidades** de acción que ofrece el entorno,
- las **Amenazas** con debemos enfrentarnos debido a la crisis del mercado, a la presión de nuestros competidores, o a otras coyunturas negativas de entorno.

La Planificación estratégica debe ser realizada por el directivo con la **ayuda y sugerencias** de sus colaboradores.

La **diversidad** de puntos de vista entre el individuo que opta por el riesgo y el que propone lo seguro, lo conocido; entre el pensante y el ejecutivo; entre el que pone énfasis en el resultado económico y el que subraya los aspectos sociales, etc. constituyen una impagable **fuente de ideas** para el directivo.

La planificación estratégica realizada por el directivo que prefiere que sus colaboradores le digan "amén" a todas sus decisiones es la peor planificación estratégica posible ya que se priva a sí misma de toda esa rica gama de sugerencias que le podrían aportar sus colaboradores.

La planificación estratégica puede ser un gran aliado pero también puede ser uno de los peores enemigos de éxito. **Su más grave riesgo es burocratizarse**, transformarse en un complejo conjunto de datos, informes, memorándums, fichas, reuniones excesivas, etc.

La planificación es un medio, nunca un fin en sí mismo. Los equipos de planificación no están justificados simplemente porque elaboran el plan. Su existencia no tiene razón de ser si el plan no aporta valor real a la organización.

Si ante la pregunta *"¿qué valor concreto ha aportado la planificación?"* no se da respuesta, o se da una respuesta ambigua, lo mejor es prescindir, en lo sucesivo, de la planificación y, sobre todo, del equipo que la elaboraba.

El esquema más conocido y más usual para efectuar una planificación estratégica eficaz es el método **DAFO** llamado así porque se funda en el análisis, por un lado, de las **D**ebilidades y **F**uerzas propias de la organización de que se trate y, por otro, de las circunstancias que ofrece el entorno, concretadas en **A**menazas y **O**portunidades.

El método se inicia con la enumeración y evaluación de los **puntos Fuertes y Débiles** de la propia organización tales como: carencia o disponibilidad de recursos financieros, tipo de liderazgo que existe, creativo o rutinario, emprendedor o pasivo; capacidad de los recursos humanos; grado de lealtad de los recursos humanos hacia la empresa; adecuación de las instalaciones y de la tecnología, etc.

A continuación se efectúa una evaluación de las **circunstancias actuales y previsibles del entorno** para ver en qué medida constituyen una **Amenaza o una Oportunidad** para nuestra empresa.

Por ejemplo,

- un mercado más amplio constituye una oportunidad pero la posibilidad de que atraiga a nuevos competidores constituye una amenaza;
- una imagen de marca asentada constituye una oportunidad para producir una nueva línea de productos aprovechando el tirón de esa misma marca;
- por el contrario intentar crear una nueva línea de actividad en un contexto donde ya

existen otras empresas eficaces es una amenaza;

- disponer de una patente propia constituye una oportunidad para crear una nueva línea de actividad;
- el hecho de que nuestros principales competidores constituyan un consorcio puede ser una amenaza, etc., etc.

El método DAFO ofrece un esquema excelente para reflexionar sobre qué dirección debe adoptar la organización.

Como ejemplo de posibles opciones estratégicas de una empresa para un periodo determinado cabe citar:

- Optar preferentemente por mejorar el nivel de beneficios anuales
- Optar por ampliar la participación en un determinado mercado
- Optar por reducir la gama de productos y concentrarse en aquellos en los que se está más especializado o en los que se dispone de una ventaja tecnológica particular.
- Optar por asociarnos con uno de nuestros competidores
- Etc. etc.

Tras el análisis de los puntos Fuertes y Débiles, y de las Oportunidades y Amenazas fuerte y el débil, la empresa puede llegar al punto en que encuentra **argumentos sólidos para elegir** las líneas estratégicas consideradas más adecuadas entre las diversas opciones.

Por ejemplo, el análisis DAFO podría llevar a la empresa a tomar la decisión de priorizar la obtención de una mayor participación en el mercado dejando para años posteriores el objetivo de maximizar el beneficio económico.

El DAFO puede ser utilizado, de forma similar, para adoptar decisiones en el ámbito de las políticas públicas.

Si se pretende mejorar el intercambio de pasajeros y mercancías con un país vecino convendría hacer un análisis DAFO que tenga en cuenta datos tales como la orografía, el grado de concentración o de diseminación de la población, el parque de vehículos de que dispone el país, el tipo de productos a exportar o importar, etc. etc. a fin de poder razonar sobre las ventajas e inconvenientes de las diversas opciones posibles.

Para mejorar el intercambio de pasajeros y mercancías con un país vecino cabe:
- Optar por desarrollar la red de carreteras
- Optar por desarrollar el ferrocarril
- Optar por crear una red aeroportuaria
- Etc. etc.

El análisis DAFO permite efectuar una reflexión profunda que llevaría a una decisión final razonada en la que se hubieran tenido en cuenta tanto las características y capacidades propias de la organización (o del país) como las circunstancias de su entorno.

Más allá del nivel estratégico, la planificación debe descender a detallar los objetivos y a formular las líneas de acción (programas) y las actuaciones (proyectos) que permitirían hacer realidad la definición estratégica adoptada. Así, una vez definida la estrategia a utilizar, hay que precisar el objetivo u objetivos centrales que pretende alcanzar. Por ejemplo, lograr una cota de mercado del 10% en el primer año y del 20% en el segundo, etc.

PLANIFICACION ------------ PLANES

PROGRAMACION ---------- PROGRAMAS

CONCRECION ---------- PROYECTOS

A continuación hay que formular los planes, programas y proyectos que permitan alcanzar ese objetivo.

Por ejemplo, cabría diseñar, como **plan**, una campaña de publicidad en la cual incluir dos **programas** de publicidad, uno en radio y otro en prensa. A su vez habría que detallar cómo estos programas se concretarían en **proyectos** tales como, a título de ejemplo, unas cuñas de publicidad durante tres meses en la emisora X o, alternativamente, una cuña de publicidad durante un mes, simultáneamente en las emisoras X, Y y Z.

De forma similar, el programa de Prensa podría implementarse a través de una determinada revista **especializada** que suelen adquirir nuestros clientes potenciales, u otra de información **general**, etc.

Dentro de cada proyecto habría que precisar los **medios** necesarios (presupuesto, recursos humanos, formación, etc.) así como la persona o unidad encargada de realizar o supervisar el proyecto.

Finalmente sería necesario establecer unos **indicadores** que permitieran evaluar en qué medida se cumple cada proyecto (indicadores de ejecución) y en qué medida cada uno de esos proyectos ha sido realmente efectivo (indicadores de resultado)

Esta secuencia de decisiones da lugar a una Planificación completa que define lo **qué** se quiere alcanzar, **cómo** alcanzarlo, qué **medios** destinar a ello y qué personas y unidades serían **responsables** de cada proyecto y del objetivo global pretendido.

4.2   La Dirección Por Objetivos.

La Dirección por Objetivos (DPO) está estrechamente relacionada con la Planificación Estratégica y cabe decir que fue, incluso, la madre de ésta. La Planificación Estratégica no es más que un sistema más perfeccionado para definir los objetivos.

Una de las aportaciones fundamentales de Peter Drucker[7] fue subrayar que una de las claves del éxito de toda empresa consiste en saber en qué negocio se halla, cuál es su misión, cuáles son sus capacidades y cómo mantener sus esfuerzos centrados en objetivos concretos.

Estas afirmaciones, que hoy pueden parecer obvias, fueron revolucionarias en su tiempo (en los años 60) ya que entonces era práctica habitual, no sólo de las organizaciones públicas sino también en las empresas privadas, el actuar sobre la base de los precedentes anteriores, reaccionar sólo forzados por las circunstancias e innovar por impulsos, no por una acción sistemática de mejora.

En aquella época no se solían hacer esfuerzos suficientes para planificar el futuro y para definir los objetivos concretos de la empresa con visión de futuro.

De hecho, la realidad muestra que, inclusive hoy, los directivos de muchas organizaciones dedican una gran parte de su tiempo de reflexión a la pregunta *¿cómo vamos a hacerlo?* y muy poco, o nada, a preguntarse *¿qué hacemos?*

En 1954 Peter Drucker en su libro *"The practice of Management"* propuso la DPO como clave para el éxito del directivo. La esencia de esta técnica, que reiteró y desarrolló más tarde en otras

---

[7] Peter Drucker (Viena 1909). Se le considera una de las personas que más visión y sugerencias ha aportado respecto a las Técnicas de Dirección de las Organizaciones

publicaciones, consistía en subrayar que el directivo debe:

1. Fijar claramente los objetivos
2. Estructurar su organización en unidades para que sean capaces de alcanzar los objetivos
3. Asignar objetivos a cada unidad
4. Controlar los resultados obtenidos a efectos de compararlos con los objetivos previstos.

La moderna Dirección Por Objetivos (DPO) propugna que la cúpula directiva modifique el antiguo estilo de dirección que consistía en dar órdenes e instrucciones a los empleados para que realicen determinadas tareas.

En su lugar considera que la cúpula directiva debe:

a. precisar qué hacer,
b. señalar después qué Unidades o Equipos de trabajo son responsables de cada programa o proyecto,
c. darles autonomía para organizarse con los medios asignados y
d. supervisar, a continuación, en qué medida las Unidades están obteniendo los resultados que se preveían en la definición de objetivos.

El análisis DAFO y la Dirección Por Objetivos (DPO) deben:

- **Generar un producto** constituido por una Estrategia, unos Planes, unos Programas y unos Proyectos;

- **Seguir la ejecución** del Plan y de la DPO
- **Evaluar los Resultados** obtenidos.

Cabría pensar que dos organizaciones que aplicaran estas técnicas estarían realizando un estilo de gestión muy similar. Sin embargo, la realidad de las organizaciones permite constatar que existen **diferencias muy sustanciales** en los estilos de gestión derivados del **cómo** cada organización **elabora** el DAFO y la DPO y cómo los **implementa** después.

Las diferencias principales suelen radicar en **quién es invitado a participar** en la planificación y definición de objetivos y en qué medida esa participación **conlleva o no poder de decisión**. Esto da lugar a diversos estilos de gestión que involucran de forma muy diferente a directivos y empleados, lo que ejerce gran influencia sobre la aceptación y el grado de compromiso para alcanzar los Objetivos establecidos.

4.3 *Riesgos de la Planificación Estratégica y la DPO.*

Uno de los principales riesgos de los procesos de Planificación es incurrir en un perfeccionismo desmesurado y, sobre todo, **transformar la Planificación, que es un medio, en un fin en sí misma**.

A veces la complejidad del procedimiento, su insistencia en los pequeños detalles y, sobre todo, su burocratización lo convierten en un obstáculo para el dinamismo de la empresa u organización.

A veces **el proceso puede matar la eficiencia de la gestión** como ocurre cuando se da más importancia al proceso que al producto al que el proceso colabora.

Mintzberg[8] lanzó algunas de sus más duras críticas contra Jelinek, quien a finales de los años setenta se extasiaba ante el sistema de "objetivos, tácticas y estratégicas" de Texas Instruments, novedoso método de planificación en aquella época que sin embargo más adelante fue descrito por un ejecutivo de la citada empresa en términos muy poco elogiosos: *"fábrica de papel que hace absolutamente imposible reaccionar ante cualquier cosa que se mueva con rapidez".*

Años más tarde, Texas Instruments modificó radicalmente el papel y contenido de su planificación, a efectos de hacerla más ágil y la transformó en un instrumento orientado a impulsar la empresa y no centrado en el mero control.

En la misma línea cabe citar las palabras del renombrado experto en ciencias políticas Aaron **Wildawsky** quien, en 1973, exclamó *"¡Cuanto más, peor!",* ante los elaborados procesos de

---

[8] Henry Mintzberg, (n. 1939), profesor de la Universidad McGill de Montreal (Canadá). Sus obras más conocidas son "La naturaleza del trabajo directivo" y "La Estructura de las Organizaciones"

planificación[9] introducidos en sector público por Robert McNamara, cuando fue Secretario de Defensa en Estados Unidos.

Ricardo **Semler**[10], en su excelente libro "Radical" en el que narra su experiencia como directivo y la evolución que tuvo lugar en su concepto de Dirección. Señala cómo pasó de un concepto de gestión que ponía el énfasis en una planificación muy detallada y centralizada a optar por una gran autonomía y descentralización tanto de la planificación como de la propia gestión.

Mintzberg hizo la siguiente observación: *"no se trata simplemente de que la planificación no de resultado; es que, además, es sumamente peligrosa".* **Esta afirmación tan drástica es, sin embargo, tristemente cierta**: en muchos casos la planificación se transforma en un fin en sí misma que justifica la constitución de equipos de planificación (y el subsiguiente pago de sus salarios) y que genera múltiples directrices, formuladas a veces como verdades inmutables que dejan muy poco margen a los directivos para adaptarse con flexibilidad a los cambios del entorno y que limita, en exceso, el margen de autonomía que necesitan para dirigir.

---

[9] De los cuales se derivó la generalización del Presupuesto por Programas.

[10] Ricardo Semler, joven y dinámico empresario brasileño que ha introducido en su empresa cambios revolucionarios en el modo de gestión, basados en los principios de unidades de no más de 100 trabajadores, dotadas de gran autonomía y responsabilidad tanto en decisiones de producción como de remuneración.

El Plan debe ser siempre un **marco flexible** para posibilitar que el directivo adecue sus actuaciones a una realidad cambiante. Esto no quiere decir que el directivo pueda actuar al margen del plan, sino tan sólo que éste incluya una cierta flexibilidad y que pueda ser revisable de forma ágil.

La planificación es un **instrumento** conveniente y adecuado para plasmar el proceso **de reflexión y previsión** que ineludiblemente forma parte del quehacer del directivo.

Sin embargo hay que evitar **cuatro grandes errores:**

1. Crear equipos grandes dedicados **exclusivamente** al proceso de planificación
2. Dedicar demasiado **tiempo** a la planificación.
3. Utilizar procesos demasiado **sofisticados** y complejos que conlleven la necesidad de múltiples fichas, memorándums, informes, etc.
4. Considerar el plan como una directriz **rígida**, absolutamente **vinculante**, que debe cumplirse hasta en sus menores detalles o que, para modificarse, requiere procedimientos tan complicados que en la práctica lo transforma en inmodificable.

Como método de planificación eficaz, el directivo de una empresa u organización de tamaño grande debería:

1. Incluir en la planificación tanto a personal de línea como a personal de staff, es decir, tanto a personal **ejecutivo** como a personal **"pensante".**
2. Pedir a las personas que van a participar en la planificación que preparen previa e individualmente sus ideas de forma **sucinta.**
3. Hacer que por pequeños **grupos** (de 2 a 4 personas), se efectúe una **primera discusión** y puesta en común. (No es necesario que lleguen a un consenso)
4. Realizar una reunión general de un par de días de duración con el grupo planificación o con la **cúpula** del mismo (que no debe exceder nunca de 10 personas), para redactar un **documento sencillo y claro** que exprese el plan a seguir, los objetivos y los resultados previstos.
5. **Pedir opinión** sobre el mismo, una vez redactado, a toda persona de la organización a la que se considere susceptible de dar sugerencias valiosas, incluyendo a todas las que se manifiesten claramente **interesadas en aportar** ideas y opiniones.
6. Elaborar el plan definitivo teniendo en cuenta, en su caso, estas nuevas aportaciones.

Obviamente, si se trata de una empresa u organización más pequeña debe reducirse radicalmente tanto el número de personas como el tiempo dedicado a la planificación, pero en todo caso todo proceso de planificación debería tener en cuenta las siguientes **directrices**:

- Considerar que los empleados son un gran potencial de sugerencias.
- Darles la posibilidad de que formulen propuestas y de que las expliquen.
- Asumirlas o descartarlas, justificando en este segundo caso por qué no se aceptan.
- Dejar claro, desde el principio, que la planificación tiene que elaborarse en un plazo razonable.

Todo esfuerzo realmente participativo de planificación debe constituir una forma de involucrar y motivar a los empleados.

La planificación es un **instrumento** y sólo un instrumento, nunca un fin en sí mismo, que debe ayudar a cumplir **tres finalidades** principales: **Ver** el futuro, **Adaptarse** al cambio y **Adecuar** los medios a los objetivos deseados.

La Excelencia o Calidad Total no se opone a la Planificación Estratégica ni a la Dirección por Objetivos sino que las considera técnicas muy aprovechables pero bajo **dos condiciones irrenunciables**:

1. La planificación y definición de los proyectos debe ser dinámica, **flexible y revisable** en todo momento. Nunca debe ser un instrumento rígido que impida la introducción de mejoras.

2. Los **empleados deben ser invitados a participar,** en medida razonable, en el proceso de planificación y en la asignación de responsabilidades a personas y Unidades. La puerta debe siempre quedar claramente abierta a las sugerencias de los empleados. **No menospreciar** nunca el potencial de **talento** de los empleados.

5   LA ESTRUCTURA ORGANIZATIVA

Siempre que se desea alcanzar un objetivo es necesario establecer un proceso para lograrlo. En la medida en que ese proceso requiera la colaboración de más de un individuo es necesario crear una organización, lo cual conlleva definir las competencias y funciones que debe realizar cada uno para lograr generar los productos o servicios finales.

Toda organización tiene como finalidad producir bienes o servicios, los cuales pueden ser de muy variada naturaleza, incluyendo tanto productos tangibles, por ejemplo alimentos, como intangibles, por ejemplo actividades de esparcimiento o posibilidades de relación humana.

Todos los productos o servicios, tanto se trate de un vehículo como de la realización de un concierto de ópera, se generan siempre a través de procesos, más o menos estandarizados, compuestos de distintas fases que finalmente posibilitan la obtención de ese producto o servicio.

En muchos casos, la amplitud del objetivo que se pretende alcanzar requiere que se desagregue ese amplio concepto (por ejemplo, mejorar las infraestructuras terrestres de transporte), en programas más concretos (por ejemplo, programa de ferrocarriles y programa de carreteras) y éstos en proyectos aún más concretos que precisen los que se pretende realizar (por ejemplo, mejorar la carretera entre la localidad A y la localidad B, o comunicar por tren las ciudades M y N)

A continuación esos productos y servicios que, con mayor o menor concreción, aparecen en el plan, o que estaban implícitos en el mismo, deben materializarse.

Es ahí donde hay que pasar del pensamiento a la acción, del diseño a la ejecución, del proyecto a la realización. Para ello es preciso establecer un contexto organizativo: quién hace qué, qué aporta cada uno, en quién recae la responsabilidad de coordinar y controlar, cómo mantener la comunicación entre las diversas partes de la organización, etc.

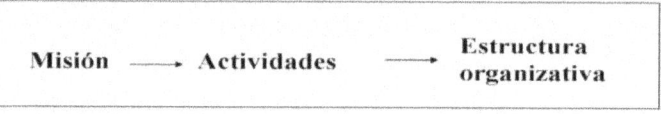

Las organizaciones humanas, empresariales u otras, están constituidas por unidades, en las que se integran los individuos. En la realidad rara vez se diseña el plan y

a continuación se crea la organización. Eso tan sólo ocurre cuando se crea una organización "ex novo". Lo más habitual suele ser que el plan se haga teniendo en cuenta que ya existe una determinada estructura organizativa.

Ahora bien, ninguna estructura organizativa, ningún organigrama puede ser un obstáculo para el cumplimiento de los objetivos. Ninguna estructura, **ningún organigrama es sagrado *per se***. Si se considera que la estructura organizativa impide el funcionamiento eficaz de la organización, el directivo debe **sentirse con el derecho de modificarla**.

Incluso más aún: es un excelente revulsivo para toda organización **replantearse**, cada cierto tiempo, su propia estructura organizativa.

Bill Gates, el fundador de Microsoft, señala que cada dos o tres años le da la vuelta de arriba abajo a su empresa como forma de mantenerla dinámica y creativa. Por ello, de la misma forma que en muchos países se celebran elecciones a plazo fijo, no estaría de más que toda organización, tanto pública como privada, asumiera el compromiso de replantearse a sí misma periódicamente, por ejemplo cada tres años.

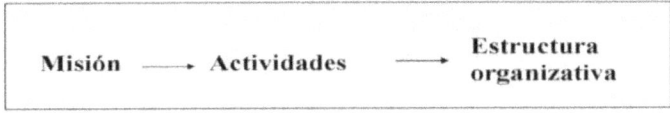

Las tradicionales opciones organizativas son dos: la estructura **funcional**, o por procesos, y la estructura **por productos**.

En la estructura **funcional** cada órgano realiza una fase o proceso determinada y la combinación de todas ellas genera los productos finales.

En la estructura **por productos**, cada órgano o sección produce en su práctica totalidad una gama de productos finales, realizando todos los procesos necesarios. La suma de los productos de todas las secciones productivas constituye la producción total de la organización.

En torno a las secciones productivas hay órganos de apoyo (contabilidad, personal, etc.)

Actualmente prima la tendencia a estructurarse por productos, lo que permite otorgar a cada órgano mayor autonomía y, consecuentemente, mayor responsabilidad.

No hay **ningún tipo** de diseño organizativo que se pueda considerar como el **óptimo para todas** las organizaciones u empresas. Depende de las circunstancias de cada caso.

La estructura organizativa **depende en gran medida de la actividad** que haya que realizar. No es lo mismo fabricar coches que confeccionar trajes a medida. La mayor complejidad de aquella fabricación induce a establecer cadenas de montaje, mientras que los trajes a medida pueden ser, en su mayor parte, elaborados por un mismo trabajador. De igual manera es obvio que la organización del trabajo en un bufete de abogados es muy diferente de la que encontramos en una siderúrgica.

El **avance de las tecnologías** (introducción de robots y de nuevas máquinas que sustituyen o facilitan el trabajo humano) está induciendo a

todas las organizaciones a la realización de una nueva redistribución de las tareas o procesos a desarrollar por cada trabajador.

Asimismo se observa una tendencia creciente a vincular más al trabajador con el producto final, en cuya producción participa, a fin de que pueda sentirse, y ser, en gran medida responsable de los resultados obtenidos.

Hay un principio organizativo básico: toda organización que pretende alcanzar el éxito debe estar **centrada en torno a su misión principal.** El núcleo central de su estructura organizativa debe estar dedicado a generar los productos o servicios que le son propios.

Sin embargo esto, que puede parecer una obviedad, no sucede siempre en la práctica. Por el contrario, es fácil observar, sobre todo en las organizaciones de tamaño grande, que los órganos que realizan las funciones de apoyo (intendencia, contabilidad, asesoría, planificación, etc.) tienen una peligrosa tendencia a crecer excesivamente respecto al conjunto de la organización, lo que ocasiona improductivos, burocráticos costes indirectos que repercuten sobre el coste final de los bienes y servicios y que, por ende, perjudican la cuenta de resultados.

Por ello, la existencia de todo órgano, unidad o función de la organización **debe estar** justificada.

Desde el punto de vista organizativo, el directivo tiene el deber de preguntar y preguntarse constantemente: **¿en qué medida este órgano,**

unidad o función aporta valor al producto final de la organización? O, en otros términos, ¿en qué medida se vería afectado el producto final de la organización si se recorta o disminuye el tamaño de ese órgano, unidad o función? Cada órgano, unidad o tarea debe ser realmente productivo.

La filosofía de la Calidad Total, como se verá más adelante, induce a todos los empleados y a todas las unidades a generar valor y a evolucionar en ese sentido. Consecuentemente, se considera que ellas mismas (las unidades) o ellos mismos (los empleados) deben ser fuente natural de sugerencias que propugnen readaptaciones y cambios de la estructura organizativa orientados a eliminar costes improductivos y a garantizar que todos los recursos generan valor.

La estabilidad en el empleo estimula la colaboración de los empleados en el proceso de reorganización. Si están preocupados por el riesgo de ser despedidos, probablemente no cooperarán.

No hay, por definición, ningún tipo de estructura organizativa que pueda considerarse con carácter general más eficaz que las restantes. Ni la estructura funcional, ni la estructura por productos, ni la matricial, ni el holding son necesariamente las más adecuadas en todas las organizaciones.

La estructura verdaderamente de vanguardia o revolucionaria es aquella que se considera a sí misma como coyuntural y que está abierta a ser

cuestionada y a **replantearse a sí misma**
periódicamente.

6   EL DIRECTIVO COMO GESTOR DE PERSONAS

Una de las definiciones tradicionales de dirigir es **"lograr resultados a través de otros"**. Esta definición enfatiza el aspecto del directivo como movilizador de los recursos humanos de su organización a diferencia del directivo como planificador o definidor de la misión de la organización, en la que destaca más el aspecto de visión y orientación.

Por ello no hay que olvidar que involucrar al personal en la planificación y en la formulación de sugerencias constituye un gran medio de movilizar a los empleados.

La función del directivo, como gestor de personas, es una función esencial cuya realización eficaz requiere tomar en consideración cuatro aspectos básicos:

- Las cualidades naturales del directivo
- Las habilidades adquiridas del directivo
- Las características de la organización
- Los intereses y motivaciones del personal

6.1   Las cualidades naturales

Por cualidades naturales del directivo cabe entender las características de su carácter y personalidad, tales como:

1. Rasgos físicos: energía, apariencia y estatura
2. Rasgos de inteligencia
3. Rasgos de personalidad, tales como adaptabilidad, agresividad, entusiasmo y autoconfianza
4. Rasgos relacionados con la tarea, tales como el impulso hacia el logro, la persistencia y la iniciativa
5. Rasgos sociales, tales como disposición para la cooperación y para la relación interpersonal así como habilidad para administrar

Conviene subrayar que desde el punto de vista de las cualidades naturales no hay un modelo único de líder; en unos predominan unas y en otros, otras. Por otra parte hay que señalar que la mera posesión de varias de esas cualidades naturales no es garantía de que la persona que las tenga sea un buen líder.

Todas ellas son rasgos naturales y/o adquiridos a lo largo de la vida de la persona, que se encuentran íntimamente enraizados en su ser y que tendrán tendencia a manifestarse en su manera de dirigir al personal. Constituyen un substrato profundo, muy consolidado y por tanto imposible o muy difícil de cambiar a medio plazo.

Todo directivo debe ser **consciente de** lo que podría denominarse su **"forma de ser"** y debe evitar pretender **"ser otro distinto"** de un día para otro. Ello no quiere decir que deba aceptar como buenas e incambiables todas las facetas de su personalidad pero debe ser consciente de que muchas de ellas sólo podrá modificarlas, a costa de grandes esfuerzos, a medio o largo plazo.

El directivo debe enfatizar sus puntos fuertes naturales y buscar colaboradores que le complementen en aquello que considere que adolece. Debe reflexionar sobre el tipo de actividades que se adecuan más a sus cualidades naturales y para las que tiene, de partida, ventaja sobre otros.

El buen directivo debe aceptar la vida como un proceso permanente de evolución y de aprendizaje y tener en cuenta que unas cualidades serán importantes en un momento y en otras en otro.

6.2 Las habilidades adquiridas

Más importantes para el directivo que sus características de carácter y personalidad son sus habilidades o técnicas de gestión, adquiridas mediante la formación y la experiencia.

Entre ellas cabe citar, en primer lugar, **su propia comprensión de lo que es el liderazgo**. En efecto, su conocimiento de las conclusiones a las que los diversos autores, tales como Robert Blake, Jane Mouton, Likert, Tannenbaum, Hersey, Blanchard y Fiedler, han llegado en sus estudios sobre el liderazgo, le permite aprender de la experiencia ajena.

Muchos manuales de Dirección explican con detalle las opiniones de los distintos autores y las diferencias entre unos y otros respecto al concepto de liderazgo, lo cual facilita al líder que estudia esos manuales el entender mejor qué tipo de liderazgo considera más oportuno para su organización.

Las habilidades concretas para la **organización del trabajo** tales como las que ofrecen las nuevas tecnologías: agenda electrónica, correo electrónico, videoconferencias, etc. abren al directivo nuevos horizontes. Conocer el potencial de las nuevas herramientas le permite orientar y dirigir a su personal para que las utilice para hacer más eficiente y eficaz su trabajo.

Asimismo, el conocimiento de técnicas de **generación de ideas y de toma de decisiones** tales como el brainstorming, la técnica de grupo nominal, el sistema de sombreros, etc. le permite asimismo apoyarse en alguna de ellas en sus reuniones con el personal, poniendo de manifiesto su capacidad innovadora. Ahora bien, no basta con la mera formación para que el líder adquiera realmente habilidades directivas. Conviene recordar el dicho que afirma *que "el ser humano explica lo que sabe y enseña lo que es"*. Somos el fruto de interiorizar y llevar la práctica lo que hemos aprendido.

Las habilidades directivas se aprenden realmente por medio de la experiencia. Sólo la experiencia permite al líder entender su potencial y sus limitaciones, así como las ventajas y dificultades que de ello pueden derivarse.

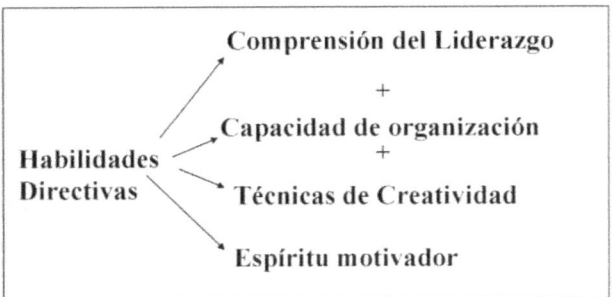

Uno de los aspectos más característicos de todo líder es la capacidad de **innovación**. La principal diferencia entre el concepto de líder y el de directivo es similar al que existe entre Cristóbal Colón y un capitán de navío que recorre una línea marítima regular.

Ambos dirigen una embarcación pero Colón tenía en su mano la toma de decisiones mucho más diversas e innovadoras mientras que en un barco de línea regular la mayor parte de las decisiones discurren por pautas muy definidas desde antes del inicio de la travesía.

Esto no quiere decir que el capitán de navío no tiene espacio para poder ser un líder y no un mero gestor. Puede gestionar al personal de forma creativa así como innovar en los procedimientos de organización y gestión de la vida a bordo (pasaje y tripulación) e incluso en el diseño de nuevos métodos para otros aspectos tales como carga y descarga, etc.

Pero **solamente en la medida en pretenda innovar en su gestión** estará actuando como líder. Si no lo hace así estará actuando como el administrador de una organización compleja, como un gestor de procesos complejos e interrelacionados pero no como un verdadero líder.

El término líder es sinónimo de conductor. El líder impulsa por nuevos caminos, dirige hacia nuevas metas. Todo profesional que pretenda ser no sólo un gestor sino un líder debe tener en cuenta siempre que el líder juega un papel de **transformador profundo de la organización**, tanto de los subordinados como de los procesos y productos e incluso de la propia misión de la organización.

Uno de los más difíciles retos del líder es jugar un papel **transformacional** de sus propios empleados. El verdadero líder impulsa a sus empleados a transformarse en nuevos líderes, a pesar de que sea consciente del riesgo de que sus subordinados, tras haber sido formados por él, se puedan ir a otras empresas o incluso le quiten el puesto. Este riesgo puede ocasionar en el líder una cierta preocupación pero, el líder, debe superarla siendo consciente del valor de sus propios conocimientos, experiencias, capacidades y valor.

Por otra parte, el líder debe concebir el mundo como un **mundo de relación** en el cual puede resultar plenamente rentable, tanto para él como para el reconocimiento de su liderazgo, que dentro de su organización, o en otras organizaciones, haya personas que han trabajado con él, que se han formado con él y que pueden dar testimonio de sus capacidades y habilidades.

Cierto es que también serán probablemente conocedores de sus insuficiencias y limitaciones y que podrían usarlas en su contra, ya sea desde dentro o desde fuera de la empresa, pero al final **lo importante es el balance de todo ello.**

El líder debe preguntarse*: ¿pesan más en mi estilo de liderazgo los aspectos positivos o los negativos? ¿Estoy de acuerdo con mi estilo de liderazgo?*

Al final, la confianza del líder en sí mismo, está **basada en sus realizaciones** (*"por sus hechos los conoceréis"*), evaluadas de la forma más objetiva posible. Es en ellas donde se pone en evidencia su valor real.

6.3   Las características de la organización

Las posibilidades de actuación del directivo se encuentran más o menos limitadas por la naturaleza de la propia organización, es decir, por el tipo de productos o servicios que genera.

Tom Burns y G.M.Stalker realizaron estudios en veinte empresas inglesas y encontraron una concordancia muy clara entre el estilo organizativo y el contexto en que se situaba la empresa. Observaron que existían **dos tipos básicos** de modelos organizativos que reiteradamente se repetían en las diferentes organizaciones.

A uno de esos modelos lo denominaron **MECANICISTA** y observaron que parecía ser el más apropiado y frecuente en contextos relativamente estables y definidos.

El estilo MECANICISTA se caracterizaba por:
- una diferenciación especializada de tareas entre los distintos individuos y unidades;
- personas que consideraban que sus tareas eran distintas de las del resto de miembros de la organización;
- derechos y obligaciones definidos con precisión;
- una estructura jerárquica muy definida;
- un tipo de interacción vertical entre superior y subordinados y
- por un funcionamiento basado en instrucciones y decisiones que procedían del superior.

El otro modelo que encontraron, al cual denominaron **ORGÁNICO**, solía darse en organizaciones que se enfrentaban a condiciones inestables y cambiantes o/y a problemas cuya solución no podía predecirse por lo que había que adecuar el trabajo a las circunstancias específicas de cada caso.

El estilo organizativo ORGÁNICO se caracterizaba por:

- desempeño individual basado en el conocimiento de los diferentes tipos de tareas de todos los demás miembros de la organización;
- una redefinición continua de las tareas mediante interacción con otros
- Intensa interacción y consultas laterales para adoptar decisiones y para coordinarse en la consecución de los objetivos.

En pocas palabras, el estilo ORGÁNICO se caracteriza por una mayor polivalencia, rotación del personal y una comunicación horizontal importante, mientras que el estilo MECANICISTA se caracteriza por un énfasis especial en la especialización en el puesto de trabajo y por el cumplimiento de las instrucciones muy precisas que normalmente provenían de un superior o fueron establecidas por él desde el principio.

Continuando con este tipo de estudios, **Joan Woodward** encontró una relación entre la **complejidad** tecnológica de las empresas y el **modelo** organizativo que solían emplear. Sus estudios sobre 100 empresas inglesas la llevaron a clasificarlas en tres grupos, según el tipo de producción:

a) producción a medida y en pequeños lotes
b) producción en masa y en grandes cantidades

c) producción de proceso o de flujo continuo tal como la de las empresas químicas o las refinerías de petróleo.

Así clasificadas, Joan Woodward observó que las empresas más prósperas y eficientes de los grupos a y c solían tener un estilo organizativo ORGÁNICO mientras que las empresas más prósperas y eficientes del grupo b solían tener un estilo organizativo MECANICISTA.

Cuando la estructura de la organización es del modelo MECANICISTA, como ocurre en el caso de las empresas cuyo proceso productivo opera a través de cadenas de montaje, las posibilidades del líder para transformar los procesos, redistribuir las funciones entre el personal y facilitar la recepción de sugerencias son más reducidas porque el proceso de producción no puede paralizarse.

Por ello las innovaciones experimentales no se pueden introducir fácilmente. En los casos en que se introducen, esto ocurrirá sólo después de un cuidadoso proceso de reflexión y tratando de no afectar demasiado a la línea de producción.

Por el contrario, si la empresa está orientada a atender **pedidos a medida**, a diseñar nuevos productos, a buscar soluciones ante circunstancias nuevas, es evidente que el papel del directivo como transformador encuentra un medio, a priori más apropiado, para poner en práctica su creatividad.

En este contexto todo nuevo proyecto, todo nuevo encargo constituye una oportunidad para reorganizar el reparto de funciones y para asignar nuevos cometidos al personal de la organización.

De forma análoga, en el ámbito de la Administración Pública es evidente que los **órganos de ejecución o prestación** de servicios, como por ejemplo el caso de una Jefatura Provincial de Tráfico (una de cuyas funciones es asignar primero, y luego registrar, las matrículas de los vehículos tras recibir y comprobar la necesaria documentación), suelen tener una organización más estructurada, más reglada, más MECANICISTA, en la que cada unidad suele tener atribuida la ejecución de fases concretas o de servicios concretos.

Esta realidad limita en cierta medida las posibilidades del líder para introducir cambios profundos y frecuentes en la organización ya que los procesos existentes suelen definir formas naturales y estables de organización.

Por el contrario los **órganos de diseño o de estudio** tienen una estructura más flexible en la que los técnicos se reparten los temas en función de las prioridades, en la que los trabajos son, en muchas ocasiones realizados por equipos y en la que se produce un reciclaje natural del personal en función del tipo de estudios o trabajos que se van encomendando.

No obstante, **todas las organizaciones pueden evolucionar,** todos los procesos pueden ser modificados y la rigidez de un determinado tipo de organización, la Mecanicista, no exime al líder de su deber de hacer evolucionar la organización y los procesos para logran mayores cotas de eficiencia, eficacia y calidad.

Siempre existen posibilidades de aplicar la propia creatividad para estudiar los procesos, buscar sugerencias, proponer mejoras y, sobre todo, posibilitar que aflore el talento y el desarrollo de las capacidades del personal que ocupa los distintos puestos de trabajo de la organización. El potencial de talento de los empleados es una gran fuente de creatividad para el desarrollo de la organización.

El líder debe ser consciente de que la naturaleza de la actividad de la organización, ya sea un contexto "mecánico" u "orgánico", condiciona en alguna medida su estilo de liderazgo. Como es obvio no es lo mismo dirigir a un Ejército durante una guerra que a un claustro de profesores de una Universidad en un contexto de paz.

Ahora bien, siempre le será posible al directivo implantar la Calidad Total, o Excelencia, lo que implica optar por aplicar un método de gestión, revolucionario e innovador.

Obviamente, su aplicación en detalle será diferente en una empresa Orgánica y en otra Mecanicista.

No se gestionará la Excelencia de la misma forma en una empresa de producción en cadena que en otra que genera servicios a medida pero los **principios y técnicas** básicas si se aplica el modelo de gestión que propugna la Calidad Total **serán las mismas**.

Aplicar la Excelencia en la Gestión implica optar por una gestión revolucionaria, innovadora y permanente, como explicaremos más adelante.

6.4 Los intereses y motivaciones del personal

El tipo de liderazgo que puede ejercer el directivo se ve condicionado por los intereses y motivaciones del personal. Obviamente no es lo mismo dirigir un monasterio que una cadena de montaje o que una universidad.

La motivación es un término general que se aplica a todo tipo de impulsos, deseos, necesidades, y aspiraciones. La motivación **induce a actuar** con la esperanza de obtener un resultado y que del resultado se pueda derivar una satisfacción.

En la organización una persona puede encontrarse muy motivada para actuar pero obtener muy poca satisfacción del resultado de su trabajo, sea por razones de falta de autorrealización o por no ver satisfechos sus intereses económicos u otros. En este caso la persona **tratará de irse** de la organización.

También puede ocurrir lo contrario, es decir que una persona se encuentre muy satisfecha con el reconocimiento, prestigio, o dinero que le da la organización pero que tenga poca motivación para actuar y que por tanto sea poco productiva para la organización. En este caso será la organización la que **trate de desprenderse** de esa persona.

Las motivaciones son subjetivas y circunstanciales y proceden **tanto de nosotros mismos** (anhelos, deseos personales) como de las **influencias externas** a nosotros, tales como tipo de liderazgo, u otras circunstancias.

El equilibrio de la motivación se consigue en la medida en que guardan proporción razonable los impulsos externos y los internos. Es decir, lo que el individuo **recibe** de la organización (remuneración, satisfacción profesional, relación humana) será motivador en la medida en que con ello **satisfaga su escala interna** de valores.

A su vez, la actuación del directivo o líder tiene una gran incidencia tanto en la **creación** de nuevas motivaciones al personal (por ejemplo, el anhelo por el éxito profesional) como en la **satisfacción** de las mismas.

Suele olvidarse la faceta del líder como **creador** de motivaciones por considerar que el personal ya *"sabe"* cuáles son sus motivaciones y que al líder tan sólo le cabe responder a las mismas, en mayor o menor medida. Esta interpretación es totalmente errónea.

Muchas veces el personal *"cree"* que lo único que le satisface es un mayor salario cuando en realidad lo que tal vez más le satisfaga sea un mayor reconocimiento por parte de la dirección y de los demás compañeros de trabajo.

Asimismo puede ocurrir que el personal no tenga conocimiento de la existencia de otras motivaciones distintas a las que habían sido evidentes hasta ahora. Por lo tanto, hay casos en los que la motivación económica (en el dominio de ventas, por ejemplo) puede ser reemplazada, al menos parcialmente, por las garantías relacionadas con la carrera (por ejemplo, el hecho de que la persona se convierte en un gestor local o Gerente de Ventas Regional).

En otros casos, el compromiso de los empleados hacia la organización se puede consolidar si se trata al personal con más consideración, escuchando sus sugerencias y opiniones, etc.

La motivación no siempre proviene del pago de gratificaciones o bonos de dinero adicionales.

El líder puede crear de nuevas líneas de motivación pero **éstas deben ser coherentes con las aspiraciones básicas** que ya tiene el personal. Así, si el personal tiene unas necesidades económicas perentorias por razones personales o familiares, será inútil que el líder pretenda que colaboren con él sólo por amor a la Nación, salvo en momentos puntuales. Este tipo de línea de motivación excepcional (el amor para el país) puede funcionar, pero sólo por períodos cortos de tiempo.

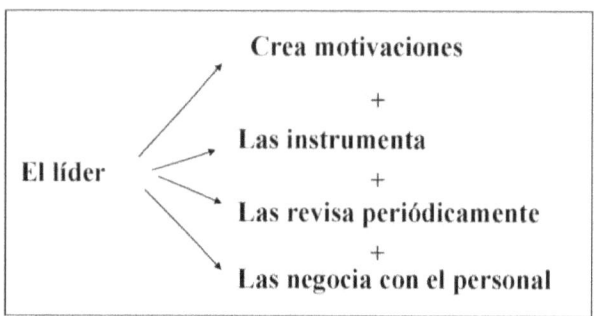

El líder **no puede pretender** crear una escala de motivaciones que **sea aceptada unánimemente por todo el personal** ya que cada uno tiene sus circunstancias y su propia escala de motivaciones particulares.

De todas formas, las ideas del líder, sobre lo que deben ser los elementos motivadores del personal en los distintos niveles, pueden ir calando en la organización con el paso del tiempo y terminan formando parte de las características peculiares de esa organización, es decir de la cultura de la organización. El establecimiento de esa determinada cultura provocará también la paulatina salida de aquellos que no compartan la escala de motivación que ha impuesto el líder.

Como es obvio, las consecuencias de una nueva escala de motivación, tales como la mayor o menor colaboración del personal, la mayor o menor productividad, la fuga hacia otras empresas, las demandas de ingreso en la organización, etc. indicarán al líder si la escala que él ha creado es positiva o no para la organización.

El líder debe tener asimismo en cuenta que no existe una única escala de motivación que sea la mejor en todos los casos y circunstancias. Debe ser consciente de que **revisar y cambiar, de vez en cuando,** los elementos de motivación utilizados pueden constituir un buen revulsivo para la organización, contribuyendo a evitar su monotonía o estancamiento.

Por tanto, el **líder no debe tener miedo** a introducir, en un momento dado, una prima por rendimiento y suprimirla años más tarde. Ahora bien, estas decisiones deben ser **razonadas** a efectos de que el personal pueda entender qué se pretende con ellas. Hay que evitar que el personal piense que se trata de decisiones arbitrarias, tomadas para seguir la moda del momento o que encierran finalidades ocultas.

Una característica esencial para que cualquier sistema de motivación pueda ser realmente motivador, consiste en **lograr que el mismo sea considerado válido y aceptable por el personal** o, al menos, por una gran mayoría de los empleados.

Negociar y consensuar en lo posible es fundamental, pero, en todo caso, **la**

responsabilidad última es la del directivo, que asume la responsabilidad de la gestión de la organización.

6.5 Principales teorías de motivación del personal

Los estudiosos han sugerido la existencia de diversas escalas de motivación. Una de las más conocidas es la propuesta por **Abraham Maslow**[11] el cual señaló la existencia de una escala de motivaciones internas del individuo a las que él llamó *"jerarquía de necesidades"* y que en orden ascendente serían:

1 Necesidades **fisiológicas**. Serían las correspondientes a satisfacer necesidades básicas de la vida humana tales como alimentación, agua, calor, abrigo y sueño. Maslow señaló que mientras que no se satisfagan estas necesidades no habrá otras superiores susceptibles de motivar a las personas.

2. Necesidades de **seguridad**. Se trata de estar libre de daños físicos y del temor a la pérdida del empleo, propiedad, alimento o abrigo.

3. Necesidades de **afiliación** o aceptación. Las personas como seres sociales tienen necesidad de pertenecer, de ser aceptados por los demás.

---

[11] Abraham Maslow (1908-1970). Psicólogo de la conducta. Fue profesor en la Universidad de Massachusetts (USA)

4. Necesidades de **estima**. No basta con el sentido de pertenencia. Es necesario sentirse estimado tanto por los demás como por uno mismo. Se pretende con ello obtener satisfacciones tales como poder, estatus, prestigio, cariño y seguridad en sí mismo.

5. Necesidad de **autorrealización**. Corresponde al deseo de ser en su sentido filosófico. Es decir de manifestar nuestro potencial en plenitud.

Las teorías de Maslow han sido cuestionadas por otros investigadores que estimaron que no se puede afirmar que hay una jerarquía u ordenación de las necesidades.

Señalaron que los individuos, aun sin tener cubiertas las necesidades del primer o segundo nivel de la escala de Maslow, pueden estar motivados por otras necesidades de otro escalón por lo que no habría realmente una jerarquía absoluta de necesidades. También se señaló que la fuerza de las distintas necesidades variaba de un individuo a otro.

Peter Drucker en su libro *"Administración: Tareas, Responsabilidades y Prácticas"* señaló que Maslow no había tenido en cuenta que *"toda necesidad cambia en el momento mismo de ser satisfecha"*

Otro de los autores más prestigiosos respecto a los elementos de motivación fue Friedrich

Herzberg[12]. Afirmó que, en el contexto de la organización del trabajo, había dos factores fundamentales de motivación: los factores de **higiene** y los propiamente de **motivación**.

Como **factores de higiene** Herzberg señaló:
- las condiciones de trabajo
- las relaciones interpersonales
- el salario
- el estatus
- la seguridad en el trabajo y vida personal.

Herzberg sostiene que estos factores son meramente "**insatisfactores**", es decir que si no existen no hay satisfacción pero que **su existencia no garantiza que el individuo se encuentre satisfecho.**

Como **factores** propiamente **motivadores** Herzberg señaló:
- el trabajo con retos
- el logro
- el desarrollo en el trabajo
- la responsabilidad
- la carrera profesional,
- el reconocimiento a la labor realizada.

---

[12] Nacido en 1923. Psicólogo y profesor de Administración en la Universidad de Utah. (USA)

Según él, éstos son los factores que producen motivación al trabajador y por ello propuso que una línea fundamental de motivación consistiera en lo que llamó **"enriquecimiento del puesto de trabajo"**, es decir, la ampliación de contenidos de los puestos, la atribución de más responsabilidad tanto para gestionar como para crear y la carrera profesional.

La forma de lograr el *"enriquecimiento de los puestos de trabajo"* consiste en:
a. dar al trabajador más **libertad de decisión** respecto a temas tales como los métodos, secuencia y ritmo de trabajo
b. alentar la **participación** y la interacción entre los trabajadores
c. mantener un **intercambio** fluido de sugerencias, opiniones y respuestas entre el directivo y el trabajador

Al proceder al enriquecimiento del puesto de trabajo hay que tener en cuenta la diferencia de características de los individuos y **evitar caer en la trampa** de pensar que *"lo que a mí me gustaría es lo que le va a gustar a él"* pues no todos los individuos desean mayores cotas de responsabilidad y participación. Por ejemplo, para el empleado extrovertido aumentar el nivel de relación pública del puesto de trabajo puede ser tremendamente motivador mientras que para el introvertido puede constituir un verdadero sacrificio.

En consecuencia, el enriquecimiento de los puestos de trabajo se debe realizar de diferentes maneras según quien los desempeñe.

Otros autores han propuesto otros puntos de vista respecto a la motivación.

Así Víctor **Vroom** propuso **la teoría de las expectativas**. Señaló que las personas estarán motivadas a hacer cosas para alcanzar una meta si creen en el valor de esa meta y si creen que lo que hacen contribuirá a lograrla.

Vroom consideró que la motivación de un individuo era el resultado del valor que asigne al resultado previsto multiplicado por la confianza (expectativa) que tenga en que sus esfuerzos contribuirán a alcanzarla:

Motivación = valor x expectativa

Cuanto más valor asigne un individuo a un determinado tipo de recompensa y cuanta mayor sean sus expectativas, es decir la probabilidad de que sus actuaciones le permitirán conseguir esa recompensa, tanto más motivado se verá.

Así, una determinada prima económica por ventas resultará tanto más motivadora cuanto mayores sean las expectativas que tiene el empleado de alcanzar ese nivel de ventas. Si considera que es casi imposible alcanzar ese nivel, su motivación para lograrlo será casi nula.

Igual sucederá si sus expectativas de alcanzarlo son altas pero el valor que asigna a la prima económica (por su escasa cuantía o por otras circunstancias) es bajo.

Evidentemente un mismo resultado tendrá para unos individuos un valor distinto que para otros, debido por ejemplo a la diferente importancia que cada tipo de resultados implique para sus personales escalas de valores.

En la práctica, **en las organizaciones con pretensiones de perdurabilidad,** tales como las grandes empresas y las organizaciones públicas, el **enfoque de Herzberg se revela como el más adecuado**[13]. No todo es dinero; las posibilidades de carrera, de ser escuchado, de participar, de autorrealización, etc. tienen un papel determinante en la motivación del personal. (Como veremos la Calidad Total opta por esta línea de motivación).

Por el contrario, en las organizaciones (o en los órganos de las mismas) en las que el individuo participa esporádicamente o en las que hay un resultado muy vinculado al esfuerzo individual (ventas, consultoría, etc.) el elemento de motivación principal suele ser la recompensa económica inmediata pues no se sabe qué puede ocurrir mañana. Es también el caso de las organizaciones, o partes de una organización, creadas para ejecutar un proyecto u obra concreta y que se disolverán después de cumplido su cometido. En estos casos, frecuentemente, el

_____

aspecto económico es el factor principal de motivación.

Ahora bien, **todo líder suele pretender dar una cierta perdurabilidad** a su organización, aunque admita que la misma pueda experimentar cambios profundos en el futuro. Un líder no puede descartar que su organización deba, más adelante, reconvertirse, por ejemplo, reorientándose hacia otras actividades productivas, lo cual le puede obligar a disolver distintas Unidades.

Sin embargo, siempre suele anhelar que exista un **núcleo relativamente estable** de la organización que tenga continuidad. En este núcleo estable, que puede abarcar a una parte importante de la organización, el enfoque de motivación propuesto por Herzberg suele ser el más adecuado.

Debe tenerse en cuenta que las *"lealtades"* basadas en la mera motivación económica se desvanecen cuando cambian éstas y, además, no facilitan la transparencia y la cooperación, sino que incitan a que cada miembro de la organización oculte información, tanto de datos como de tecnología, para así tener en la manga el mayor número de cartas posibles que le hagan indispensable para la organización y le garanticen en el futuro su permanencia en la organización.

En los casos de **autoempleo**, el factor económico constituye una motivación importante pero también lo es la autosatisfacción personal y, en especial, el lograr una respetada *"imagen de marca"* que, a su vez, es una garantía de que, en el futuro, seguirán siendo solicitados sus servicios profesionales tanto por sus clientes habituales como por los nuevos que acudan al reclamo del buen nombre del profesional.

7 TRAS LA TEORÍA, LA PRÁCTICA: ¿QUÉ HACER?

El directivo, tras las consideraciones que se han formulado en las páginas anteriores, puede preguntarse:

- Planificar sí, pero ¿cómo y en qué medida?
- Fijar objetivos sí, pero ¿cómo?
- Establecer, revisar y en su caso modificar la estructura organizativa, sí pero ¿cómo?
- Diseñar y mejorar los procesos de producción, sí pero ¿cómo?
- Diseñar nuevos productos, sí pero ¿cómo?
- Evaluar los niveles de producción alcanzados, sí pero ¿cómo?
- Motivar al personal, sí pero ¿con qué medidas en concreto?
- Etc. etc.

La realidad muestra que, a pesar de que estas cuestiones son fundamentales para transformar una empresa normal en una empresa de éxito, resulta muy frecuente que el directivo, desbordado por el trabajo del día a día, no de una respuesta sistemática y estructurada a las mismas hasta que un día, la urgencia de la situación le lleva a **improvisar y tomar posición sobre cómo organizarse,** en función de su carácter, conocimientos y experiencias personales.

En otros casos, opta por **reunirse con su equipo más inmediato** para intentar encontrar conjuntamente decisiones que luego después debe instrumentar.

También puede recurrir **a la ayuda de Consultores** externos que le ofrecen ideas y sugerencias, que pueden constituir una aportación valiosa, pero luego se pregunta ¿cómo las pongo en práctica?

Estas suelen ser las **tres** formas más usuales que utiliza el directivo para adoptar e implementar nuevas fórmulas de gestión en su organización.

El directivo finalmente opta entre diversas filosofías o actitudes directivas, más o menos personalistas, más o menos jerarquizadas, más o menos burocratizadas, más o menos abiertas a la consulta y la participación.

En este libro queremos poner a disposición del lector, de la forma más clara posible, **la denominada EXCELENCIA o CALIDAD TOTAL**, que es una filosofía de dirección que ofrece respuestas concretas a los grandes interrogantes de organización y dirección que se plantea el directivo.

Asimismo, incluye una metodología de organización y propone un paquete integrado y armónico de líneas de actuación y de controles que permiten implantarla, comprobar si la implantación se está realizando correctamente y, en su caso, reorientarla.

La Calidad Total presenta un enfoque que consideramos no sólo más completo sino mucho más sólido y completo que otros, tales como *la reingeniería, el liderazgo centrado en el jefe, el impulso creativo desde arriba,* etc. los cuales pueden dar resultados positivos a corto plazo pero que, muchas veces, son perniciosos e inestables a medio y largo plazo.

La Excelencia o Calidad Total también es muy superior a ese amplio conjunto de recetas, que tanto Tom Peters, en *"Reinventando la Excelencia"*, como otros autores propugnan, y que suele consistir en una enumeración de casos, tan variopinta y volátil, de la que resulta difícil extraer una conclusión central.

No es extraño que los directivos, tras leer esos best-sellers, se encuentren en muchos casos sin saber cómo priorizar esa amplia y variada panoplia de sugerencias. Por otra parte, no está de más recordar que dos terceras partes de las empresas calificadas, en 1982, por Peters como excelentes estuvieron, cinco-diez años más tarde, en la ruina, como acertadamente señala Wooldridge en *"La hora de los gurús"*.

La Excelencia **no se queda en el plano filosófico** y de los grandes principios, sino que **también explica cómo** se deben aplicar esos grandes principios.

Además, ha impulsado el desarrollo de metodologías que permiten evaluar el funcionamiento de los distintos aspectos de la gestión (liderazgo, personal, resultados, etc) y ver en qué medida se está actuando realmente de forma coherente con la filosofía de la CALIDAD TOTAL.

La Calidad Total o Excelencia, toma en consideración no sólo el **Qué** (la Misión) sino también el **Cómo** (los Procesos) y **Con Qué** (los medios o recursos)

Además, se centra en obtener **RESULTADOS** mediante la interacción armoniosa de los tres tipos de agentes fundamentales que existen en toda organización: el **Directivo**, los **Empleados,** incluidos los Proveedores como Empleados indirectos, y los **Consumidores** o destinatarios finales de los productos y servicios.

SECCIÓN II

LA EXCELENCIA o CALIDAD TOTAL

8   EL CONCEPTO DE CALIDAD

8.1   Una cierta confusión

El ser humano, frecuentemente, espera encontrar, o al menos así parece, el Elixir Prodigioso, la Palabra Mágica cuya mera pronunciación transformará todo en un maravilloso y perfecto escenario.

No hay nada de malo en el deseo de lograr la perfección. Lo errado es creer que es posible encontrar una metodología, una herramienta, un proceso automático y absoluto que haría funcionar a las organizaciones como un reloj y que las transformaría en un Paraíso perfecto e inmutable.

Esa pretensión de encontrar el instrumento, el sistema perfecto, olvida la incidencia de las diferentes personalidades de los miembros de las organizaciones y de sus respectivas posiciones jerárquicas. Asimismo, ignora el impacto que las interacciones con un entorno en constante cambio (físico, social y económico) ocasionan en la actividad, estructura y funcionamiento de las organizaciones.

Ahora bien, decir que no existe un sistema único, perfecto e inmutable para dirigir las organizaciones, no debe interpretarse en el sentido de que no se pueden encontrar los principios básicos que deben inspirar un liderazgo moderno y eficaz, capaz de conducir a la organización hacia el éxito. Es ahí donde las diferentes opiniones y teorías sobre la organización y la función directiva encuentran su valor y la razón de su existencia.

En ese proceso de búsqueda, de análisis y de oferta de propuestas de gestión, es muy frecuente la aparición de demasiadas nuevas terminologías que generan una cierta (o mucha) confusión y que a veces hacen muy real la frase de que *"los árboles impiden ver el bosque"*.

Continuamente aparecen nuevos términos tales como *excelencia, calidad total, planificación estratégica, gestión de riesgos, reingeniería, presupuesto por programas, presupuesto base cero, gestión del cambio, gestión del conocimiento, inteligencia emocional, cuadro de mando*, etc. etc.

Todo lo cual no es malo e incluso puede resultar hasta estimulante, pero también da lugar a que, a veces, su ambigua o alambicada formulación dificulte captar su esencia, entender sus contenidos concretos y, en especial, sus diferencias con otros enfoques ya en uso.

La coincidencia, en el tiempo y en el espacio, de distintas y numerosas propuestas sobre el Management crea un inmejorable caldo de cultivo donde puede arraigar y proliferar la **confusión**. El sentimiento de que *"apenas se acaba de recibir y captar el primer mensaje, cuando ya se está recibiendo el segundo"* puede ser **bueno para los académicos, pero enloquecedor para los directivos** y gestores.

Terry Neil, director de la sección de Gestión del Cambio en Andersen Consulting, en un estudio interno realizado en su propia organización, señaló que una de las principales razones del fracaso de los esfuerzos para renovar la empresa es *"muerte por un millar de iniciativas"*.

Literalmente dice que, en las empresas, suele ocurrir que se implanta *"el programa de capacitación el martes, la gestión de la calidad total el miércoles, la reingeniería el jueves y el concepto de empresa aprendiz el viernes"*.

Entonces ocurre que *"todas estas ideas son muy importantes, pero cuando son lanzadas a los empleados como saques de ping-pong éstos quedan abrumados y confusos, y el foco de atención de la empresa queda irremisiblemente difuso"*.[14]

¿Quiere esto decir que Terry Neil está en contra del estudio y aprendizaje de las nuevas metodologías y herramientas? **Desde luego que no**.

Lo que quiere decir es que **lo fundamental** no es buscar recetas o métodos para la mejora sino, ante todo, **captar su espíritu** y los principios que las inspiran. Hay que lograr **ser dueños de las herramientas,** y no sus meros sirvientes.

No podemos estar innovando un día con una herramienta y al día siguiente con otra porque

---

[14] Ver "En busca del boom" Tom Peters. Ed. Deusto pag.190

corremos el riesgo, no sólo de **confundir** a los empleados en cuanto al **cómo** sino también, y lo que es peor, respecto hacia **dónde** se quiere ir.

Por ello el directivo debe optar por una filosofía de gestión y elegir una metodología que refleje esa filosofía y que le permita evaluar si tanto los fines como los medios están funcionando coordinada y adecuadamente.

Por supuesto, debe estar abierto a modificar su filosofía e incluso a sustituirla, pero mientras no lo haga debe tener claro qué técnica de gestión está utilizando y por qué.

La Excelencia, o Calidad Total, es la opción concreta que propugnamos. No obstante es muy frecuente que no se tenga una misma compresión sobre su contenido, como se señala en la introducción de este libro. Por ejemplo: ¿De qué hablamos, de Calidad de la Gestión o de Gestión de la Calidad? ¿Cuál de esos enfoques refleja mejor la TQM y por qué?

Este simple interrogante da lugar a diversas interpretaciones que, en algunos casos, pueden estar lejos del propósito y del espíritu original de la Excelencia. Por ello, el primer reto que se plantea es clarificar qué se entiende por Calidad Total.

La realidad muestra que mucha gente que acude a cursos sobre la Calidad Total no capta la esencia (o no se la enseñan) y muchas veces solo retiene el título del curso y algunas de las anécdotas o técnicas que se hayan presentado.

Por ejemplo, pueden salir con la idea de que Deming fue un promotor de los procesos de control estadístico de la producción, lo cual es cierto, pero sólo fue una parte de la esencia de su mensaje.

De hecho, para Deming, el control estadístico de las variaciones encontradas en los procesos de producción **es un instrumento** para controlar la calidad de los procesos, pero por sí sólo **no es el corazón** de la Calidad Total que Deming predicaba.

La confusión que se produce en torno al concepto de Calidad Total se ve agravada por el hecho de que en los libros aparecen múltiples términos tales como Gestión de Calidad, o Control de la Calidad, o Calidad Plena, o Control Total de Calidad, o Despliegue de la Función de la Calidad, o Programa de Mejora de la Calidad, etc. que en unos casos se usan como sinónimos de la Calidad Total y en otros no, lo que contribuye a dificultar la comprensión de la idea.

Por ello, **sugiero al lector** que siempre que en algún texto aparezca el término Calidad no lo considere sinónimo de Calidad Total en tanto no esté seguro de cuál es el significado que el autor haya dado al término "Calidad".

Hay, fundamentalmente, **tres significados** diferentes a los que se suele aludir cuando se emplea el término "calidad": la Calidad del Producto, la Calidad del Proceso (o Certificación de Calidad) y la Calidad Total o Excelencia.

Por ello, cuando en algún manual o artículo aparezca el término Calidad lo primero que se debe analizar es a cuál de los tres significados antes aludidos se hace referencia.

La Asociación Española de Calidad señala que existen **tres etapas diferentes** y sucesivas respecto a la Calidad:

- La Calidad de los Productos y Servicios
- El Aseguramiento de la Calidad
- La Calidad Total o Excelencia

Esta Asociación señala que para avanzar hacia la Calidad hay tres niveles consecutivos:

- El Control de los Productos y Servicios
- El Aseguramiento de la Calidad de los Procesos
- La Excelencia en la Gestión

La Calidad del Producto se centra primero en definir qué se entiende por calidad en el producto. A continuación, promueve que, mediante la realización de inspecciones, se compruebe si el **producto** cumple con las especificaciones previamente establecidas. Su objetivo es garantizar la calidad del producto que se va a ofertar al cliente, eliminando los productos defectuosos.

El Aseguramiento de la Calidad o Certificación de la Calidad, es una herramienta que pretende garantizar que **el proceso** es eficiente y que está adecuadamente diseñado para generar y ofrecer el producto o servicio de que se trate, asumiendo que, si el proceso de producción de un determinado producto o servicio ha sido bien estudiado y definido, todos los productos resultantes serán idénticos.

Además, el análisis del proceso permite descubrir y eliminar fases del proceso que sean ineficientes bien por la forma en que se realizan, bien porque sean redundantes, bien porque se pudieran haber integrado conjuntamente en una sola fase u operación, o ser realizadas por otro empleado, etc.

La norma ISO 9000, por ejemplo, tiene como enfoque el concepto de Aseguramiento de la Calidad.

La **Excelencia** o Calidad Total (o TQM) es una filosofía, una nueva cultura de gestión, una estrategia y un estilo de gerencia que posibilita y fomenta la mejora continua e integral de la calidad.

En la actualidad es más usual referirse a la Calidad Total denominándola Excelencia en la Gestión, para evitar la confusión de la TQM con la Certificación de la Calidad la cual tiene un foco diferente.

Es muy importante entender que estos tres enfoques de la Calidad **pueden existir separadamente.**

Así, puede haber empresas cuyos productos sean de calidad pero que no hayan obtenido ni pretendan obtener un Certificado de Calidad (del proceso), por ejemplo, la certificación ISO 9000.

A sensu contrario, puede haber empresas que tengan el Certificado de Calidad pero que produzcan productos inadecuados o poco atractivos para el cliente, es decir productos de poca calidad debido a que el diseño del producto sea inadecuado. Recordemos que todo proceso de producción eficaz no modifica (no rediseña) el producto sino **simplemente lo genera de acuerdo con el diseño** recibido.

También puede haber empresas que implanten Calidad Total o Excelencia pero que, al menos en una primera fase, no generen productos o servicios sin defectos ya que la calidad del producto es consecuencia de un correcto proceso de diseño del producto, de una buena definición del proceso y de una correcta ejecución del mismo.

La Calidad del Producto no se logra inmediatamente tras adoptar la decisión de implantar la Calidad Total sino una vez que la misma ya está implantada y consolidada.

La Calidad del Producto requiere un buen **diseño**, una buena definición del **proceso** y una correcta **ejecución**.

Asimismo, puede también ocurrir que haya empresas que se gestionen mediante la filosofía de Excelencia (Calidad Total) pero que opten por no obtener el Certificado de Calidad ISO 9000 (de sus procesos) pues, aunque este Certificado reafirma la imagen de la empresa y le ayuda a mejorar sus procesos, la empresa puede haber considerado que la opción por la Calidad Total es suficiente o/y no quiera incurrir en los costes que conlleva la obtención y mantenimiento del Certificado ISO 9000.

En suma, no siempre los tres tipos de Calidad se dan a la vez en las organizaciones.

8.2   La Calidad del Producto

La calidad del Producto o Servicio está vinculada fundamentalmente a las características del producto o servicio y a las percepciones del cliente.

Sin embargo, hablar de la calidad de un producto no tiene una interpretación unívoca, porque *¿a qué se pretende aludir cuando se habla de calidad?*

En unos casos la idea de calidad se asocia con el **precio** del producto. En otros se alude a que es un producto muy **escaso** en el mercado. En otros, se hace referencia a las **características** técnicas del producto.

Todo lo cual da lugar a que el concepto de calidad del producto resulte algo difícil de precisar y por tanto de gestionar.

Tras estas reflexiones puede haber quien diga: *"Dejémonos de ambigüedades. Lo que cuenta en la práctica, desde el punto de vista de la calidad, son las características del producto".* Pero esta afirmación sobre lo que es la calidad se enfrenta a una realidad compleja: **¿De qué características estamos hablando?**

Para dar respuesta a este interrogante surgió la **Normalización** de productos la cual define las distintas características de tamaño, dureza, espesor, etc. que tiene que tener un producto determinado para poder ser considerado un producto de calidad 1º, 2º, etc.

Ahora bien, ¿es una naranja de 1ª o un huevo de 1ª mejor que uno de segunda? ¿Acaso un determinado tamaño, un determinado color implica un mejor sabor?

¿Es un vino de una Denominación de Origen (DO) de la misma calidad que otros vinos de esa misma denominación?

¿Es un vino de Rioja (una DO de una región Española) mejor que otro de Ribera del Duero (otra DO española)?

Los gustos de los consumidores son muy personales y varían ampliamente lo cual influye mucho a la hora de decidir cuál es el producto de calidad para cada uno de ellos.

Ishikawa[15] narra un ejemplo muy ilustrativo que experimentó personalmente. Señala que durante más de dos décadas había estado estudiando las Normas Industriales Japonesas para los grandes rollos de papel de periódico. Las normas se referían a la resistencia a la tensión, al espesor y al ancho del rollo las cuales presuntamente garantizaban la calidad del papel.

Sin embargo, un encargado del Control de Calidad de una fábrica que visitó le dijo: *"Algunas veces recibíamos quejas de las rotativas, aunque el producto que les hubiéramos enviado cumpliera todas las normas industriales exigibles. Sin embargo, otras veces no recibíamos quejas cuando el producto no cumplía dichas normas. Por tanto, resolvimos olvidarnos de las normas industriales japonesas"*

---

[15] Ver su libro ¿Qué es el Control Total de Calidad? Pag 64.

Le pedí más detalles y me explicó que *"la queja más frecuente era que el rollo se rompía durante la impresión"*

Ishikawa quiere, con este ejemplo, resaltar la **dificultad** que existe, en muchos casos, para **definir los parámetros** que, de alcanzarse, garantizarían la calidad del producto, esto es, su capacidad para cumplir la finalidad a que está destinado.

Por otra parte, la satisfacción del cliente es un factor esencial para evaluar la calidad real del producto, pero muchas veces la empresa productora se encuentra ante la dificultad de interpretar cómo traducir esa satisfacción en características concretas.

Por ejemplo, a veces se dice que el público desea que el automóvil cumpla el requisito de ser de *"fácil conducción"* pero **¿qué significa "facilidad de conducción"?** ¿Cómo medirla?

La calidad del producto se presume incluida en la Calidad Total pero no son conceptos equivalentes ni necesariamente vinculados.

Pueden producirse artículos de calidad en organizaciones no inspiradas en la Calidad Total.

Para decirlo en palabras inequívocas: pueden producirse productos de calidad en organizaciones que funcionen basadas en el sistema de esclavitud.

La Excelencia implica un enfoque muy colaborativo, creativo y dinámico en la gestión de todos los recursos, humanos, tecnológicos, materiales y organizativos.

Todo ello se traduce en mejores procesos, en mejores productos, en mayor motivación y en mejores resultados, así como la búsqueda de resultados con un enfoque integral, holístico, que incluye entre otros el desarrollo de las personas y de sus talentos.

Implantar la Calidad Total no quiere decir que se pueda alcanzar, desde el principio, un alto nivel de calidad en los productos, pero es una **garantía de éxito futuro** ya que su enfoque de mejora continua produce resultados tangibles y muy valiosos a medio e incluso a corto plazo

8.2.1 La Calidad desde el punto de vista del cliente.

Desde el punto de vista del cliente puede hablarse de tres niveles de calidad: la calidad **esperada**, la calidad **satisfactoria** y la calidad que **deleita**.

La **calidad esperada** se alcanza cuando el producto o servicio que se recibe tiene aquellas características que los clientes dan por supuestas y que por tanto no solicitan explícitamente cuando piden un determinado servicio o producto.

Así el ciudadano que solicita una autorización a la Administración no precisa especificar en su petición que desea que se le dé respuesta por escrito y con letra legible ya que da por supuesto que será así.

De forma análoga, cuando va a adquirir un neumático nuevo para su vehículo da por supuesto que será homogéneamente redondo y que no estará pinchado.

Cuando las características **esperadas** se dan, los clientes **quedan conformes**; cuando no se dan, quedan **muy insatisfechos**.

La **calidad que satisface** se logra cuando el producto o servicio **incluye determinadas** características que los clientes solicitan específicamente. Por ejemplo, que el bistec esté medio hecho o que el neumático adquirido esté instalado para las 5 de la tarde.

Cuando las características solicitadas se dan, los clientes **quedan satisfechos**. Si no se dan, quedan **insatisfechos**.

Finalmente, la **calidad que deleita** se da cuando el producto o servicio incluye características que los clientes **no han solicitado** porque no pensaban que fuera posible solicitarlas o porque ni siquiera se las imaginaban.

Se trata de características **extraordinarias añadidas por voluntad de la empresa**. Por ejemplo, servir el bistec solicitado en un plato especialmente decorado o regalarle al cliente, al pagar la factura un pequeño bolígrafo publicitario.

Cuando se dan, los clientes quedan **muy satisfechos**. Si no se dan, **no quedan insatisfechos.**

Pero, ¿cuál es la esencia de la calidad? **¿Cuál es el factor que más influye** en que el cliente perciba que el producto o servicio adquirido tienen calidad?

A la complejidad de definir en qué consiste la calidad del producto en sí, se une el hecho de que para los clientes la calidad no se **limita** únicamente **a que el producto o servicio realmente tenga** las cualidades que se afirman de él.

El concepto moderno de calidad hace especial hincapié en el modo en que la organización **satisface a sus clientes**, incluido el modo en que son atendidos por teléfono, la rapidez con que el personal responde a una solicitud del ciudadano o prepara una oferta (un presupuesto) para un cliente o responde a sus reclamaciones.

La Forum Corporation (Boston, USA) realizó un estudio, en 14 de las principales empresas industriales y de servicios, sobre las razones por las cuales se había perdido parte de la clientela. Los resultados mostraron que:

- un 15% aproximadamente de los clientes que se marcharon lo hicieron porque habían encontrado *"un producto mejor"* (con menos averías o menor índice de defectos)

- otro 15%, porque había encontrado *"un producto más barato"*
- el 20%, por la *"falta de contacto y atención personal"* por parte del proveedor
- y un 50%, porque *"las relaciones con el personal del proveedor eran de ínfima calidad"*

En suma:
- Un 15% se perdió por problemas de calidad del **product**o
- Otro 15% se perdió debido al **precio**.
- Un 70% se marchó porque no le gustaba la **relación humana** que tenían con el proveedor.

La conclusión es evidente: todo cliente desea obtener un producto o servicio con unas características mínimas determinadas pero **lo que más influye** en su percepción de la calidad **es el trato que recibe.**

El cliente está dispuesto, en muchas ocasiones, a disculpar o a no dar gran importancia a un fallo si la atención con que se le escucha y el esfuerzo con que se pretende subsanar el fallo ponen de manifiesto una voluntad inequívoca de dar satisfacción a su reclamación.

Es obvio que no se puede considerar que el producto o servicio sea de calidad cuando se ha cometido un fallo o contiene un defecto, pero no se debe ignorar que, probablemente, no se perderá al cliente si el trato que se le dispensa pone en evidencia un indudable deseo de atender con justicia su reclamación y subsanar los defectos.

8.2.2 La Calidad desde el punto de vista de la empresa

Desde el punto de vista de la organización productora el término calidad tiene otro matiz: Calidad para la empresa es la adecuación de las actividades de la organización al papel que sus directivos quieren que juegue en el mercado.

Los directivos de una empresa u organización que opera en el mercado pretenden el éxito económico y, desde este punto de vista, podría decirse que la empresa opera con calidad cuando lo alcanza.

Para lograr el éxito económico, una empresa que actúe bajo el prisma de la calidad debe:

1º Ofrecer **productos atractivos** para sus **clientes** lo que requiere:
   a. identificar las necesidades de éstos
   b. elaborar productos que se ajusten a esos requisitos

2º Efectuar **ventas rentables**, es decir cuyos precios estén por encima de los costes.

3º **Maximizar los beneficios de sus ventas,** produciendo eficientemente, es decir con costes mínimos lo que requiere:

a. ser **eficiente en el uso** de sus recursos o dicho en otros términos, no despilfarrar los recursos humanos, materiales, etc.
b. producir con procesos y **procedimientos eficientes** que minimicen la repetición de tareas o los derroches
c. **eliminar las actividades superfluas** que no aporten valor para la satisfacción de las necesidades de los clientes externos.

En el caso de la Administración Pública, así como en el de otras muchas organizaciones (ONGs, Partidos Políticos, etc.) cuyos resultados no se miden por el beneficio económico, el éxito se asocia a la consecución de una buena imagen externa, a la satisfacción de sus empleados o/y al mantenimiento de un nivel de costes que se considere coherente con los servicios generados.

En estos casos, la calidad para la organización requiere, **de forma paralela** a lo que ocurre en la empresa, lograr ofrecer servicios atractivos a sus clientes, tener buena imagen, (lo cual para la Administración suele ser el equivalente a las ventas rentables en la empresa privada) y tener un nivel de costes razonable.

La consulta al cliente, la identificación de sus necesidades y el diseño de nuevos servicios, permite a la Administración Pública ofrecer servicios atractivos y, si la atención al cliente es adecuada, lograr buena imagen, pero ¿**cómo lograr** simultáneamente que todo ello tenga **un coste razonable** para el Estado?

Es aquí donde se plantean las dificultades principales para las organizaciones que no están regidas por el mercado y que por tanto no pueden utilizar el indicador de beneficios, indicador que algunos consideran cuestionable pero indicador cuantitativo, al fin y al cabo.

En el caso de estas organizaciones de fuera del mercado, el mejor camino para analizar su "rentabilidad" es **comparar** sus resultados y costes con actividades análogas en otras organizaciones similares.

Ante la carencia de datos a comparables de organizaciones similares, la solución alternativa que ofrece la Calidad Total es la de promover un diálogo permanente con el personal, orientado a **descubrir junto con ellos** las fases del proceso que no aporten valor para eliminarlas y mejorar y simplificar los procedimientos.

La colaboración del personal puede ser también muy eficaz para pensar y crear nuevos productos o servicios que puedan ser de utilidad para los clientes.

8.2.3 Calidad simultánea para cliente y organización

Cabe preguntarse si es factible hacer compatibles el interés del cliente y el interés de la empresa u organización.

La Calidad Total da una respuesta taxativa: no sólo es posible dar satisfacción a ambos, sino que, además, ese **es el camino más adecuado** para lograr que la empresa u organización alcance el éxito.

En efecto, la secuencia de la consecución del éxito para una empresa se estructura sobre los siguientes principios:

a. Las ventas tan sólo tendrán éxito y permitirán crear una clientela estable, en la medida en que los **clientes perciban** que la empresa les ofrece calidad tanto en el producto en sí como en la forma de trato y en la atención posventa.

b. La organización sólo será capaz de satisfacer a sus clientes si **identifica sus necesidades** y responde, o supera, las expectativas de éstos. La Calidad Total subraya que las opiniones de los clientes constituyen una información, de valor inestimable, para hacer evolucionar el diseño del producto, adaptándolo a las necesidades del cliente. Además, permite evaluar la percepción que tienen los clientes del trato que reciben y mejorarlo, en su caso.

c. La organización sólo será capaz de maximizar sus beneficios, **si elabora** sus productos o servicios **eficientemente**. Es decir, con costes mínimos, lo que requiere producir con procesos eficientes que minimicen la repetición de tareas o los derroches, así como eliminar las actividades que no estén orientadas a satisfacer, o contribuir a satisfacer, las necesidades de los clientes externos.

d. La organización sólo será capaz de mejorar la eficiencia de los procesos si solicita las **sugerencias de los empleados**, los cuales conocen de cerca la realidad de los procesos productivos y que, al utilizarlos, descubren posibilidades de mejora.

e. La calidad en el trato con el cliente y la constructiva aportación de sugerencias por parte de los empleados sólo es posible, subraya la Calidad Total, si los empleados se **sienten integrados** en la empresa.

La Excelencia o Calidad Total **no es cicatera** con el nivel de calidad, tanto respecto al producto como al trato, que hay que dar al cliente.

Su respuesta a este respecto es siempre es la misma: *hay que ofrecer al cliente el máximo nivel de calidad posible que permita el precio del producto.*

Por otra parte, la Calidad Total considera que **la calidad es el futuro** y que el cliente estará cada vez más dispuesto a pagar más por lo que considere productos o servicios de calidad con preferencia a otros más baratos, pero de calidad dudosa.

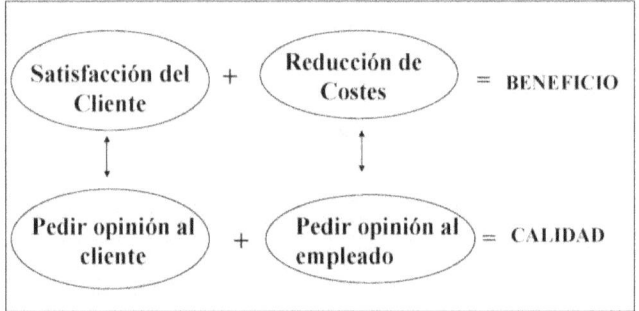

La Calidad Total apoya la mejora de la calidad de producto como un **eje estratégico clave**.

Con ello se alinea con la práctica común de muchas empresas las cuales aprovechan el tirón de su **imagen de calidad** tanto para diversificar sus actividades como para crear marcas, con distinto nivel de calidad de producto y servicio, que cubren una gama de precios y calidades lo que les **permite alcanzar otros segmentos** de mercado.

Un ejemplo de este tipo lo constituye la empresa española El Corte Inglés, una cadena de grandes almacenes, que adoptó como imagen de marca tanto la calidad del producto como la atención al cliente.

Posteriormente, creó Hipercor, una cadena de hipermercados, aprovechando la imagen de marca de calidad que tiene El Corte Inglés, y con una gama de productos de menor precio.

Otro ejemplo del aprovechamiento de una imagen de marca de calidad fue la creación, por distintas cadenas de hipermercados, de los llamados *"productos blancos"* o *"productos sin marca"*, que inicialmente fueron productos envasados sin distintivo de marca y frecuentemente en envases blancos (de ahí su denominación original).

Obviamente lo que hacían esas cadenas de alimentación era garantizar al cliente implícitamente que los citados productos tenían un determinado nivel de calidad **¡porque eran ellas las que los vendían!** Por eso, posteriormente, los citados *"productos blancos"* evolucionaron adquiriendo la **"marca"** que **realmente tenían** (productos Alcampo, productos Hipercor, productos Día, etc.).

En la actualidad estas empresas son muy sensibles a la calidad de los productos **que ofrecen bajo su marca**. Les preocupa más su calidad que la de otros productos de otras marcas que también tienen en venta.

Ello se debe a que son conscientes de que está en juego su prestigio ya que en realidad son productos que **se venden bajo su marca,** aunque sean producidos por otros fabricantes. Por ello si estas cadenas **ampararan con su marca** productos defectuosos o si no atendiesen las recomendaciones o las quejas de los clientes respecto a estos productos, **podría dañarse** de forma importante la imagen de calidad que han conseguido, lo cual repercutiría en toda la línea de negocio amparada bajo su marca.

8.3 Calidad del Proceso

Todo funciona a través de procesos: dar a luz, respirar, comer, etc. son acciones que se realizan a través de procesos más o menos complejos.

Lo mismo ocurre con toda actividad humana sea individual o social. Todo se hace a través de procesos, desde freír un huevo hasta resolver un problema de matemáticas pasando por fabricar una silla.

Sin embargo, como podemos imaginar **no todo se resuelve por la mera existencia de un proceso.** Por ejemplo, en el caso citado del problema de matemáticas, obviamente puede haber unos pasos recomendados (un proceso) para analizarlo y reflexionar sobre él, pero ¿dónde incluir la inspiración de quien lo está intentando resolver?

En consecuencia, no cabe pensar en diseñar procesos capaces de resolverlo todos y de garantizar buenos resultados en los campos de la política, lo social o la economía, en actividades tales como la impartición de justicia o el gobierno de un país.

Desde luego, definir procesos que establezcan qué datos se necesitan, dónde y cómo obtenerlos, qué valor atribuir a cada uno de ellos, será de valiosa ayuda para impartir justicia o facilitar el liderazgo, Pero nunca, ni la justicia ni el liderazgo podrán dejarse en manos de un robot que siga procesos automáticos.

Sin embargo, definir bien los procesos es muy importante en los sectores productivos industriales o de servicios.

Con carácter general, el análisis y la adaptación de los procesos permite identificar y eliminar fases que eran ineficientes, sea por la forma en que se realizaban, sea porque fueran redundantes, sea porque podían ser integradas en una única fase u operación, o porque podían haber sido realizadas por otro empleado en la cadena del proceso, etc.

Por otra parte, y aún más importante, cuando existe un proceso bien definido que incluye la descripción del tipo de materias primas o piezas a incluir, los procesos industriales de transformación, la maquinaria a utilizar, los controles intermedios a realizar, etc, etc. se **garantiza en gran medida** que los productos resultantes de ese proceso van a ser homogéneos.

La necesidad de que los productos respondan claramente a los requisitos del diseño es mucho más urgente cuando se trata de productos que se requiere que **sean fiables** y que deban inexcusablemente funcionar bien.

Esta urgencia se dio en la Segunda Guerra Mundial. Era imprescindible que las armas y municiones funcionaran bien y por ello surgió la iniciativa de normalizar los procesos y procedimientos de producción que después eran inspeccionados por autoridades de alto rango del ejército para verificar que las normas se cumplieran.

Tras el fin de la guerra, se comenzó a asociar los términos *"inspección"* y *"control'* con *calidad.* Con ello se aseguraba que la producción cumplía con las especificaciones del diseño en busca de consistencia en los resultados. Posteriormente el concepto de *"calidad"* se asoció con *"conformidad con las especificaciones".*

En 1946, delegados de 25 países se reunieron en Londres en el Instituto de Ingenieros Civiles y decidieron crear una nueva organización internacional *"para facilitar la coordinación internacional y la unificación de los estándares industriales".*

En febrero de 1947 se creó una nueva organización, Organización Internacional de Normalización (ISO).

Las normas desarrolladas por ISO son voluntarias, ya que ISO es un organismo no gubernamental y no tiene autoridad para imponer sus normas a ningún país. El contenido de los estándares está protegido por derechos de copyright y, para acceder a ellos, los particulares y empresas deben comprar los diversos estándares.

En USA, a finales de los 50 se desarrolló el *"Programa de Requisitos de Calidad"* que produjo una primera normativa de calidad aplicada al sector militar. Luego, la NASA promovió el desarrollo de e la inspección de sistemas y procesos para asegurar calidad. En 1962 se establecieron criterios que los proveedores tienen que cumplir para poder vender a entidades como la NASA.

En 1979 se publicó por primera vez, en el Reino Unido, la BS5750, norma precursora de ISO 9000. Se trataba de un método orientado al control de los procesos de producción. Por lo tanto, la BS5750 se definía como un método de control.

En 1987 la BS 5750 se transformó en la ISO 9000 bajo el endoso de la Organización Internacional para la Normalización (ISO).

Las normas ISO 9000 son metodologías que indican que todo proceso que has sido diseñado en conformidad con esas normas, garantiza que los productos o servicios resultantes del mismo se ajustan a las especificaciones del diseño. Es decir que tiene las características que inicialmente se acordaron como correctas (tamaño, peso, resistencia, presentación, lugar de entrega, etc.)

Entre las diversas críticas a la certificación de procesos cabe destacar las siguientes:

a.   Se señala la cantidad de dinero, tiempo y papeleo que exige el certificarse.

b.   Se reconoce que promueven la especificación y el control de los procesos, pero no la mejora de la calidad.

c.   Se señala que son guías para aprender pero que no deberían identificarse como un estándar de calidad de producto.

d.   Se señala que las empresas sólo buscan obtener el certificado a los meros efectos de imagen.

Veamos algunas opiniones de algunos gurúes de la calidad total.

El énfasis a la mera adecuación a la conformidad con el diseño, llevó a un Director de Calidad de Motorola[16] a decir que *"con las normas ISO 9000 se pueden tener pésimos procesos y productos. Hasta un fabricante que hace chalecos salvavidas de cemento, puede obtener el certificado ISO 9000 **siempre que** esos chalecos estén fabricados de acuerdo con unos procedimientos documentados y la empresa proporcione instrucciones minuciosas acerca de cómo quejarse por los defectos. **Esto es absurdo"**.

---

[16] Sin embargo, en la actualidad la propia Motorola está certificada con la ISO 9000 por el efecto imagen que ello tiene a nivel mundial.

Philip B. Crosby señalaba: *"Todas las técnicas para el control de la calidad no sirven de nada si el personal directivo no tiene un objetivo bien definido. No es necesario gastar tiempo y dinero en sistemas como ISO 9000 y Baldrige. La calidad no se logra mediante un montón de libros, aunque sirvan de guía.* ***La calidad se deriva del liderazgo de la empres****a"*

Joseph M. Juran, en una entrevista exclusiva a Quality Digest en 1998, manifestaba algunos de sus opiniones sobre las normas ISO 9000:

Quality Digest**:** ¿Cuál es su opinión acerca de la serie de normas de gestión de calidad ISO 9000 y derivadas?

Joseph M. Juran: *"El concepto básico tiene algún mérito en sí mismo. A las compañías les gusta conocer su capacidad para producir buenos resultados. Ese conjunto de normas ha señalado una serie de cosas que una compañía debería estar haciendo. Muchas empresas han decidido que ellas no pueden estar en una situación en la que su competidor esté certificado y ellas no. Porque esos es una desventaja para el marketing"*

*"Desde mi punto de vista, la adhesión o certificación según ISO 9000 n****o asegura que una compañía se volverá líder en calidad.*** No hay ninguna prueba. No disponemos de ninguna investigación que establezca que las empresas que se certifican según la ISO 9000 tengan productos superiores a aquéllas que no se certifican. He visto*

123

alguna investigación que compara productos de empresas certificadas y productos de empresas no certificadas, y los autores no encontraron diferencia alguna."

*"Nunca se ha investigado adecuadamente y, hasta que se investigue, nosotros **no tenemos ninguna razón para concluir que la certificación según ISO 9000 produce mejores resultados**. De hecho, cuando se observa a compañías que han logrado el liderazgo en calidad, usted observa que hicieron cosas que no están en la ISO 9000, tales como formar a los directivos en cómo gestionar la calidad, lograr mejoras consecutivas año tras año, motivar la participación de los trabajadores. Desde mi punto de vista, si alguien se adhiere a las ISO 9000 y no va más lejos, es casi posible asegurar que no será líder en calidad, porque estaría olvidando aspectos vitales para la calidad de la gestión"*

En suma, lo que Crosby y Juran vienen a decir es que, en muchos casos, la falta de calidad de un producto puede ser atribuida a que no se hayan cumplido correctamente los procesos de producción establecidos. Pero que la Calidad Total señala que eso no basta y que hay que tomar en consideración aspectos que van mucho más allá de la mera certificación de los procesos y del marketing y que se adentran de lleno en el terreno del Management y del Liderazgo, que no cabe reducir a meros procesos estandarizados.

8.4 La Calidad Total. Origen y Desarrollo

En 1950, el estadounidense Edwards Deming, fue invitado por la Asociación de Científicos e Ingenieros Japoneses a impartir diversas conferencias en Japón cuyo propósito esencial era ayudar a mejorar la calidad de los productos japoneses que en aquella época eran bastante deficientes.

Su mensaje fue muy claro: los defectos que se originan en el proceso de producción pueden ser reducidos en gran medida **si se analiza, revisa y controla el proceso.**

Esta es la única forma eficaz de garantizar la calidad del proceso de producción. Ahora bien, no basta con que el departamento de reingeniería haya definido el proceso. **También es necesario** que los **empleados se sientan motivados** a controlar y revisar, ellos mismos, el proceso a fin de señalar sus insuficiencias e introducir mejoras.

La filosofía de gestión que propugnó Deming, la Calidad Total, tuvo gran aceptación en Japón porque encajaba muy bien con la cultura y la mentalidad de este país.

La cultura tradicional japonesa, con hondas raíces confucionistas y budistas, da prioridad a la comunidad frente al individuo; por ello el proceso de creatividad y la toma de decisiones se efectúa en un contexto de gran interacción dentro del grupo.

Las iniciativas se formulan y presentan en nombre del grupo, en vez de individualmente como ocurre en Occidente, lo cual facilita la cooperación y la transparencia dentro del equipo.

La cultura japonesa constituyó un excelente caldo de cultivo para la filosofía de la Calidad Total que propugna Deming que, como veremos, otorga **gran importancia a las relaciones de cooperación.**

El desarrollo y competitividad de la industria japonesa sorprendió a Occidente e impulsó a las empresas norteamericanas a interesarse por los *"secretos"* de la gestión japonesa.

Así las ideas de su compatriota Deming, tras haber encontrado un terreno fértil en Japón, volvieron a tener en 1980, **¡¡treinta años más tarde!!,** receptividad en el país de donde procedían y **en el que Deming continuaba viviendo**, haciendo una vez más realidad el dicho de que *"nadie es profeta en su tierra"*

Entre los principales teóricos promotores de la Calidad Total cabe citar, además de Deming, a Crosby, Juran[17] e Ishikawa[18].

En Europa, la Calidad Total fue asumida, desde finales de los 80, tras la creación, el 19 de octubre de 1989, por catorce grandes empresas

---

[17] Joseph Juran (1904) Ingeniero y consultor. Colaboró a introducir en Japón el enfoque de la calidad

[18] Kaoru Ishikawa. Profesor y Presidente del Instituto Musashi de Tokio

industriales de la **Fundación Europea para la Calidad de la Gestión** (EFQM).

La EFQM desarrolló basado en los precedentes modelos japonés y americano, un modelo, una metodología, el Modelo Europeo de Excelencia Empresarial, el modelo EFQM, cuya finalidad era y sigue siendo ayudar a los líderes de las organizaciones a comprobar si realmente están funcionando adecuadamente de acuerdo con los principios de la Calidad Total y también servir como guía e impulso para su implementación.

El modelo propugna la autoevaluación con la finalidad de que los directivos y las organizaciones puedan detectar dónde, en qué aspectos y en qué medida, hay que reforzar o revisar el funcionamiento y el grado de implantación de las ideas de Calidad Total.

8.4.1 Qué es Calidad Total

El libro del Rafael Aguayo, *"Dr. Deming"*, basado en las ideas de su maestro, el Dr. Deming, contiene reflexiones y puntos de vista muy clarificadores sobre la Calidad Total que ayudan a superar la confusión que suele existir al respecto.

La idea tradicional de Calidad se asocia con la existencia de un Departamento de Control de la Calidad que revisa los **productos** para descartar los que tienen defectos con la finalidad de garantizar que tan sólo un porcentaje muy pequeño de los productos que llegan al consumidor pueda ser defectuoso. Esta idea de control de la calidad **tiene muy poco que ver con el tipo de control** que propone la filosofía de la Calidad Total o Excelencia.

Deming considera, según explica Aguayo, que *"el control de la calidad significa conocimiento, particularmente* **conocimiento** *de la variación y de los procesos,* **formación permanente** *y* **entusiasm***o por el trabajo".*

En suma, cuando Deming utiliza el concepto *"Control de la calidad"* no se refiere al mero análisis estadístico de los resultados de los procesos sino al **conocimiento del porqué** de la variación.

Este conocimiento, dentro del marco de la Excelencia, se logra **mediante la colaboración** de los empleados y directivos, para revisar los procesos, detectar los problemas y proponer actuaciones para que esas causas de problemas se subsanen.

Para enfatizar más aún la diferencia que la Calidad Total tiene con la tradicional inspección de la calidad de los productos, Aguayo nos recuerda que Deming propone una receta sorprendente: *"Deje de depender de la inspección masiva para lograr la calidad"*[19]. Con ello Deming no propugna la

---

[19] Ver el citado libro de Rafael Aguayo.

eliminación total de la inspección, pero señala que, *"la inspección no detecta los problemas inherentes al sistema"*

Por tanto, afirma, es un error creer que se está mejorando la calidad cuando un inspector detecta y rechaza los productos defectuosos. Lo que se está mejorando es la probabilidad de que el consumidor reciba productos sin fallos, inclusive que se le pueda garantizar que todos los productos que se ponen a la venta carecen de fallos, como sería el caso si se inspecciona el 100% de los productos. Pero **no se está mejorando la calidad del sistema de producción**, que es lo que persigue la Excelencia.

Si se establece un sistema de inspección por muestreo para controlar lo que han producido los empleados, lo único que podrá garantizar la inspección será que el porcentaje de defectos en los productos no exceda de un porcentaje mayor o menor, según sea el tamaño de la muestra que se utiliza.

Sin embargo, las causas de los defectos de producción seguirán siendo desconocidas y por tanto no se subsanarán.

Si no se revisa el proceso siempre existirá un porcentaje de productos defectuosos que serán eliminados por la inspección, pero ésta tendrá in coste que repercutirá obviamente sobre el precio que está pagando el consumidor y el proceso seguirá sin ser mejorado.

En esa misma línea Ishikawa[20] señala: *"Los inspectores son un personal innecesario que reduce la productividad global de la empresa. No fabrican nada. La inspección es necesaria sólo porque existen defectos y artículos defectuosos. Si estos desaparecieran, los inspectores serían innecesarios"*

Deming propugna que todo proceso debería ser siempre supervisado, pero no necesariamente por inspectores sino por los propios empleados que elaboran y generan el producto o servicio.

Abundando en el tema, Aguayo señala que en 1996 el doctor Joseph Juran, otro de los gurúes de la calidad, escribió en la revista Industrial Quality Control: *"En Checoslovaquia existe la suposición infundada de que la mayor parte de los fallos son controlables por el operario, y que, si los trabajadores pusieran interés, los problemas de calidad de las fábricas serían significativamente más reducidos."*

Con ello denuncia un punto de vista muy frecuente en los directivos que consiste en considerar que los culpables de los defectos son fundamentalmente los empleados.

Esta presunción, con la intención de mejorar la calidad, lleva a aumentar el control de los procesos, a supervisar lo que hacen los obreros y a intensificar la inspección de los productos.

---

[20] ¿Qué es el Control Total de Calidad? Pág. 95.

Sin embargo, Deming, Juran e Ishikawa dejan muy claro que **ese no es el punto de vista** ni la experiencia de la Calidad Total.

Deming enfatiza que el 94% de los fallos es atribuible al sistema y no al empleado. **Juran** lo reduce un poco, pero lo sitúa en un 80%.

Algo parecido ocurre con **Ishikawa** que afirma que cuando una planta produce artículos defectuosos o fracasa en algo, solamente del 20 al 25% de la culpa puede atribuirse a los operarios por lo que el 75% de la responsabilidad corresponde al sistema.

Por tanto, los principales gurúes de la Calidad Total opinan que **la responsabilidad por los fallos es imputable en un 75-94% al sistema** y sólo en un 6-25% al empleado.

Deming resalta igualmente que el énfasis que tradicionalmente se ha puesto en la inspección o el control ha llevado a actitudes que finalmente son contraproducentes para la calidad.

Así, por ejemplo, afirma que es un grave error fomentar la remuneración de los inspectores en función de la cantidad de productos defectuosos detectados. Cuantos más fallos haya, mayor será su remuneración lo cual, lamentablemente, les puede inducir a denunciar aspectos nimios, presuntamente defectuosos, que no son realmente significativos.

En un contexto así, el propósito real que movería a los inspectores no sería la mejora de la calidad sino la mejora de su propia retribución.

Deming considera perjudicial que existan situaciones en las que el interés de la empresa y el interés del trabajador resulten enfrentados ya que ello irá en detrimento de la calidad.

Otro error común, en esa línea de exagerar el papel de la inspección, consiste en establecer sistemas en los que se **inspecciona dos o más veces** cada fase de un proceso. El error consiste en que cuando dos individuos hacen la misma tarea, que cualquiera de los dos podría cumplir sin fallos, **ninguno se siente realmente responsable** de la misma. El problema es que cada inspector considera al siguiente su sustituto o su respaldo.

Es muy típico el caso de la burocracia administrativa en el que los jefes, por la mera razón de su posición jerárquica, firman el trabajo que ya ha firmado su subordinado, dando lugar a una serie de **firmas en cadena**.

En estos casos las firmas, frecuentemente, no tienen otra finalidad que poner de manifiesto la línea de mando sin, en realidad, aportar un valor añadido sobre sobre el contenido de la decisión.

Cuando el empleado es considerado simplemente como una pieza de una máquina que realiza un determinado proceso es difícil que sienta responsabilidad por lo que hace. En ese caso, aunque se le amenace con sanciones si comete fallos, no se logra una mejora real de su rendimiento.

La inspección **por muestreo** de los productos implica admitir que siempre existirá un porcentaje, aunque sea pequeño, de productos defectuosos que habrán escapado al ojo de inspector. **Ese no es el espíritu** de la TQM, que pretende que el proceso sea revisado y modificado para que, por sí mismo, **sea capaz de lograr cero defectos.**

Una anécdota que refleja el auténtico espíritu de calidad fue la mostrada por una compañía japonesa que empezó a operar en el mercado norteamericano. Un comprador norteamericano le hizo un pedido de 50.000 unidades, indicando que no deberían tener, como máximo, más de 3 defectos por cada 10.000 unidades.

Cuando el comprador recibió la remesa, el proveedor japonés explicaba en una carta que no estaban familiarizados con los métodos comerciales norteamericanos y que les había llevado unos cuantos días imaginar qué pretendían decir al especificar que *"no debía haber más tres unidades defectuosas por cada 10.000 unidades"*. Por ello, explicaban que, junto con las 50.000 unidades perfectas, en un paquete aparte, adjuntaban 15 productos defectuosos para que el comprador hiciera con ellos lo que deseara.

Si un proceso genera defectos de manera constante y significativa, debido a la imprecisión de la maquinaria utilizada o a la variabilidad de la materia prima, lo que hay que hacer es **incluir la inspección** de los productos **dentro del propio proceso**, como una fase más que se considera imprescindible. Al aplicar una inspección del 100 por cien, la inspección no se considera una supervisión del proceso **sino una fase más** del proceso mismo.

De hecho, Deming aconseja un 100 por ciento de inspección en aquellos casos donde ni el tipo ni o circunstancias del proceso permiten garantizar la ausencia de fallos.

Si es imprescindible garantizar la total ausencia de defectos (por ejemplo, en una nave espacial) **debe incluirse** dentro del proceso la **inspección** de todas y cada una de las piezas producidas.

Por el contrario, Deming aconseja renunciar a la inspección cuando el nivel de defectos es realmente pequeño y cuando los problemas que pudieran causar esas unidades defectuosas, fueran pequeños para el cliente.

La Calidad Total propugna que la organización se concentre en **estudiar las causas** de los fallos a fin de poder corregirlas en origen y por tanto poder eliminar completamente la inspección final.

En suma, **una de las metas, no la única**, de la Calidad Total **es definir los procesos** de forma que tanto las materias primas, las piezas y las operaciones que se realizan, garanticen que los productos que resulten del proceso de producción serán idénticos. Así no será necesaria la Inspección externa como forma de garantizar la calidad.

Ahora bien, Ishikawa señala que el espíritu de Calidad Total debe **rechazar triunfalismos** y afirma que *"quienes piensen que bajo un proceso uniforme los efectos son siempre uniformes se equivocan. Mientras haya personas así seguiremos teniendo productos defectuosos".*

Con esto quiere decir que, aunque se asuma que, en teoría, un proceso robotizado generará productos idénticos al diseño establecido, siempre tiene que haber un cierto seguimiento de los resultados, a efectos de corregir circunstancias imprevistas y de adaptar los procesos a posibles variaciones en las materias primas, en el funcionamiento de las tecnologías, en la coordinación entre fases anteriores y posteriores, etc. etc.

Los productos de calidad **no son producidos únicamente** por organizaciones que han adoptado un sistema de gestión de Calidad Total. Bajo otras filosofías de gestión también **pueden** producirse productos de calidad (Siempre los ha habido a lo largo de la historia).

Sin embargo, todas las organizaciones, que adoptan la TQM como sistema de gestión, **deben** producir inexcusablemente productos de calidad y, además, **deben** ser organizaciones innovadoras y creativas. **Si eso no ocurre,** deben revisar cómo están implantando la TQM porque muy **probablemente no hayan aplicado** bien su filosofía e instrumentos.

La Excelencia exige un cambio de la filosofía tradicional de gestión de todos los miembros de la empresa, en especial de los directivos o gestores. Implica la adopción de **una nueva filosofía de gestión.**

Manifestar la intención de mejorar la calidad de los productos y servicios no implica que se haya implantado una filosofía de Calidad Total. Es una **mera declaración de intenciones** que requiere ante todo entender qué es lo que se pretende hacer.

Hay muchos conceptos erróneos en torno a lo que significa introducir la Calidad Total en una organización.

Aguayo señala que los observadores sólo ven lo que han sido entrenados para ver y, con humor, dice que *"cuando algunos observadores norteamericanos viajaron a Oriente para descubrir los secretos de gestión de los japoneses, regresaron decepcionados, porque la única diferencia que pudieron descubrir fue la afición de los japoneses por el canto matinal"* (es conocido que, en muchas empresas japonesas, los empleados antes de entrar al trabajo cantan, en formación, el himno de la empresa).

8.4.2 Qué no es Calidad Total

Una de las mejores formas de captar la esencia de una determinada filosofía consiste en entender sus conceptos básicos por contraposición a los que propugnan sus contrarios. Así, el color blanco se comprende mejor por oposición al negro.

Aquí vamos a seguir el mismo método: exponer la filosofía que inspira la Calidad Total **por contraposición a algunas opiniones** que, frecuentemente, se escuchan sobre la forma más adecuada de gestionar las organizaciones empresariales y no empresariales y **que no son compartidas por la Excelencia:**

1. *"Introducir la Calidad Total implicará un coste adicional de funcionamiento de la organización".* **Esta afirmación es errónea.** Se inscribe en la línea de pensamiento que considera que todo proceso que añade valor implica un coste adicional y por tanto un recorte de beneficios de la organización.

No es así: la Calidad Total afirma que, si bien inicialmente la introducción de esta filosofía de gestión conllevará costes adicionales, éstos serán pequeños y, además, en un plazo corto **serán compensados con la mejora** de beneficios que se obtendrán

2. *"Hay que lograr un nivel de calidad suficiente para atender las expectativas del cliente".* Esta frase refleja una **mentalidad**

137

estrecha. Equivale a decir: nos contentaremos con dar el nivel mínimo de calidad que requiere el cliente.

Esta actitud no induce a la empresa a la mejora continua y puede ocurrir, y frecuentemente ocurre, que la empresa termine perdiendo mercado ante otras competidoras que no ponen techo a la calidad de sus productos, sino que introducen mejoras que les llevan más allá de las expectativas actuales del cliente, con lo cual consiguen atraer incluso a clientes de las empresas competidoras.

La empresa que de verdad cree en la Calidad Total, considera la **calidad como su imagen de marca** y está siempre dispuesta a buscar nuevas mejoras.

Esta actitud no implica falta de racionalidad en la consideración de los costes pues es evidente que sería ruinoso ofrecer unos productos cuyo precio estuviese por debajo de sus costes de producción.

La empresa que cree en la calidad se preocupa de la relación precio-coste a la hora de introducir mejoras y obviamente descarta aquellas mejoras cuya introducción implicase un coste de producción superior a los precios que aceptaría pagar el mercado.

Sin embargo, no descarta **a priori** por coste la búsqueda de nuevas mejoras, entre otras cosas porque muchas de ellas podrían ser tan atractivas para el cliente que permitiesen incluso una subida de precios.

3. "*La supervisión por parte del jefe es clave para mejorar la calidad*". La Calidad Total, sin negar el papel fundamental del directivo, considera que **el rol esencial de éste no es controlar los detalles** o tener a mandos intermedios concentrados en supervisar las distintas fases de la producción.

La Calidad Total considera que, si se diseña un proceso adecuado, el propio proceso será el garante de la calidad del producto sin tener que depender del ojo vigilante del supervisor.

El conocido refrán "*el ojo del amo engorda el caballo*" no forma parte de la filosofía de Calidad Total. Esta diría: "*aunque no esté el amo, si hay Calidad Total en los procesos y organización, el caballo engordará*".

4. "*Hay que estimular la responsabilidad de los trabajadores. Hay que darles empowerment*". Suena muy bien, resulta muy moderno, muy actual. Lo han propugnado Tom Peters y muchos otros autores, pero la realidad es que, **en general, a los trabajadores no se les otorga autonomía** para introducir reformas que permitan mejoras y ni siquiera suelen existir mecanismos a través de los cuales recoger sus sugerencias.

A veces, algunas empresas innovadoras colocan los consabidos buzones de sugerencias para recoger las aportaciones de los empleados, pero si no se cambia el estilo de gestión, si no se logra implicar a los trabajadores, es **muy probable que los buzones sigan vacíos.**

Algo similar ocurre cuando las empresas establecen un sistema de premios para las sugerencias recibidas. Funciona un breve tiempo y después se olvida. ¿Por qué? Porque realmente los premios **no son suficientemente motivadores** para lograr por sí solos un cambio en la cultura de la empresa, **si el liderazgo no promueve** de forma real y constante la participación de los empleados.

5. *"El descuido, la mala voluntad, la falta de capacidad o de habilidad del trabajador son las principales causas de los defectos o faltas de calidad en el producto o servicio".* La Calidad Total, **por el contrario, considera que son los procesos y los modelos organizativos** los que generan el descuido, la mala voluntad, la falta de capacidad y de habilidad del trabajador.

Si a un empleado al que se le ve ocioso se le encarga que mecanografíe la guía telefónica, simplemente para que no esté inactivo, ya se tendrá cuidado él de que en el futuro no lo volvamos a ver "ocioso". Ordenarle que mecanografíe la guía telefónica (o cualquier otra tarea inútil análoga hoy en día) no logrará la cooperación del empleado porque encontrará que ese encargo es una tontería para castigarlo.

La solución que propone la Excelencia es que se le den **oportunidades reales** para que ponga en marcha su talento y, sólo si entonces no reacciona es cuando habrá que plantearse sancionarlo.

6. *"Conviene fomentar la competencia entre los trabajadores".* No hay nada de malo en que cada trabajador sea motivado a mejorar su desempeño tomando como referencia los logros de sus compañeros. Por el contrario, es muy conveniente que se sientan estimulados a mejorar la calidad de los productos y los procesos.

Sin embargo, si no se establecen y consensuan las reglas de juego respecto a qué se entiende por competencia, existe el **grave riesgo de crear enfrentamientos** muy perjudiciales para la coordinación de esfuerzos.

Dicho en otras palabras: es muy probable que se induzca una fuerte tendencia a que cada empleado oculte su know-how a sus compañeros y a que piense exclusivamente en sus propias metas, sin preocuparse por el interés del conjunto e incluso aunque vaya en contra de él.

7. *"Los procesos y modelos organizativos sólo pueden ser optimizados por expertos externos y consultores".* Se trata de una versión actualizada del planteamiento taylorista: alguien **desde fuera** diseña los procesos y establece lo que cada uno debe de producir.

Tiene un gran inconveniente: los **trabajadores no perciben el proceso como algo suyo** sino como algo impuesto y

141

consecuentemente no se sienten motivados a mejorar el proceso ni hacer sugerencias.

Por ello, la Calidad Total, sin negar el valor que puede tener un buen asesoramiento externo, considera que: ***"Quienes mejor conocen*** *tanto los detalles técnicos como organizativos de los procesos de una organización **son los propios empleados.** Ellos son los que saben dónde están los problemas y tienen ideas de cómo corregirlos"*

8. *"La clave del progreso y de la mejora reside en la introducción de las nuevas tecnologías, la informática y la robotización".* Es obvio que estas técnicas permiten ejecutar más rápidamente y con mayor precisión los procesos. Es decir, hacen más eficientes los procesos, pero ¿quién diseña, revisa y mejora los procesos? **Un proceso deficiente, aunque esté robotizado,** aunque se ejecute más rápidamente que antes, **no dejará de ser un proceso deficiente**.

9. *"Asignar metas de producción y estándares de rendimiento a los trabajadores y unidades es el mejor sistema para elevar la productividad".* Tiene el inconveniente de que los trabajadores se centran únicamente en cumplir las cuotas que se les exigen, pero sin preocuparse de la calidad final del producto resultante ni de los costes que conlleve el alcanzar la meta que la dirección les ha impuesto.

¿Quiere esto decir que la Calidad Total está en contra de las metas y las cuotas? La respuesta es tajante: NO.

Lo que la Calidad Total cuestiona es: *"¿Quién y cómo establece las metas y las cuotas?"* Porque ahí se encuentra en realidad el nudo gordiano del éxito o del fracaso del sistema. La utilización de un proceso de participación para la fijación de metas y cuotas es condición sine qua non para el éxito. Este es el punto de vista de la filosofía de la Calidad Total.

10. *"El método del palo y la zanahoria es el más eficaz para motivar a los empleados"* Es evidente que el temor obliga a actuar, pero ¿en qué sentido? ¿Con qué grado de lealtad?

La Calidad Total subraya que es imprescindible, y más aún en los complejos proceso modernos, confiar en cierta medida en la responsabilidad del trabajador.

No es rentable ni útil colocar un supervisor detrás de cada empleado. La mejor forma de controlar los procesos es crear un **clima de responsabilidad compartida**.

Ahora bien es necesario **diferenciar entre el fondo y la forma**, entre infundir temor y hablar con tono de voz suave o delicado. En unos casos, tras una voz suave se puede encubrir una amenaza inquietante mientras que en otros los

143

gritos pueden ser naturales en el proceso (piénsese en las maniobras militares, en la construcción o en tantas otras actividades donde el proceso suele llevar aparejadas instrucciones que se formulan a gritos) y que se consideran normales, y por tanto no amenazadoras, en ese contexto.

11. *"Es conveniente premiar a los que más rinden. Es imprescindible introducir la evaluación de méritos y el pago de incentivos"*. Resulta natural que la responsabilidad, la iniciativa, el esfuerzo especial tengan correlación con las remuneraciones, de todo tipo, que perciba cada persona.

No obstante, hay que ser consciente de que en muchas áreas de actividad no resulta fácil evaluar e individualizar los méritos porque ni siquiera se tienen estándares de lo que se considera una productividad adecuada por persona.

Esto hace que, frecuentemente, se establezcan unos criterios desde arriba y se apliquen sin más. Puede ocurrir, entonces, que lo que a priori sonaba como una idea maravillosa (evaluar los méritos) **se transforme en una causa de tensión, rivalidad y dificultades para la cooperación.**

La Calidad Total no apoya estas formas de evaluación y pago de incentivos salvo cuando se trata de reglas de juego consensuadas con los miembros de la organización.

12. *"Lo fundamental es que el producto o servicio final responda a las especificaciones del diseño".* Obviamente nada tiene de malo esta norma en sí.

El problema **puede radicar en cómo se llegó a ese diseño**: ¿Se consultó a los clientes? ¿Se consultó al trabajador? ¿Sabe el trabajador el valor que pretende aportar cada una de las especificaciones del producto? ¿Se le consultó sobre si hay alguna forma mejor de lograrlo? ¿Realmente satisface al cliente?

Como vemos la Calidad Total **cuestiona el valor de esas doce "recetas"** empresariales y señala que, aunque se apliquen con la mejor voluntad del mundo, pueden llevar a la organización al fracaso o generar escasos resultados si no se capta la totalidad de sus implicaciones.

Las críticas que formula la Calidad Total podrían inducir al lector a concluir que la Calidad Total no es otra cosa que una técnica de gestión que se limita a promover el consenso, la participación y las relaciones humanas. **Esta conclusión sería también incompleta:** Habría captado aspectos importantes de la Calidad Total, pero le faltaría incluir otros que son esenciales e integrarlos todos en un esquema operativo.

8.4.3 Definiciones de Calidad y Calidad Total

Importantes organizaciones del mundo empresarial han formulado definiciones sobre lo que entienden por Calidad.

En muchos casos lo sucinto de las mismas no precisa con claridad el contenido íntegro de la Calidad. En muchos casos hace referencia a la Calidad del Producto o del Proceso, pero no define la Calidad Total.

Veamos algunas de ellas:

- *Búsqueda continuada de la perfección por la empresa en su conjunto (Sieger LTD).* Es una definición que incluye la idea de mejora **continua** pero que requiere explicar qué se entiende por perfección pues conviene recordar que lo perfecto para Taylor, no era lo perfecto para Münsterberg o para Tom Peters.

- *Búsqueda de la excelencia y de la satisfacción del cliente (Texas Instruments Ltd).* Al igual que en el caso anterior nos encontramos con otro concepto, la **excelencia**, que requiere ser definido.

- *La calidad une a todos en una cadena de esfuerzos para conseguir la satisfacción del cliente (Cooper Burto Brewery).* Pone énfasis

146

en la **unidad** de todos para lograr la satisfacción del cliente si bien tampoco precisa **cómo** se pretende lograr esa satisfacción.

- *La calidad significa la satisfacción total del cliente (RHP Bearings).* Esta definición se adecua al concepto Calidad del **Producto,** pero no al del Calidad del Proceso ni al de Calidad Total. Como ya se indicó un producto puede dar plena satisfacción al cliente y sin embargo haber sido producido en un sistema de trabajos forzados.

- La calidad significa que los productos y los servicios cumplen exactamente los requisitos de los clientes (Cossor Electronics). Es similar a la anterior y por tanto hace referencia a la Calidad del Producto.

- Productos y servicios que satisfacen plenamente los requisitos de los clientes externos e internos, a la primera, a tiempo, siempre (ICL). Aporta la novedad de incluir no sólo la satisfacción del cliente sino **también** la del empleado (cliente interno) pero no clarifica cómo se pretende conseguir esa satisfacción.

Proponemos la siguiente **definición:**

147

*"La Calidad Total o Excelencia es un sistema de gestión que asume, como principio central, una **actitud permanente de mejora** de **productos y servicios**, así como de todos **procesos**, orientada a **satisfacer** las necesidades de los usuarios en **justa contrapartida** a lo que éstos directamente, vía precios o tasas, o indirectamente (impuestos) abonan por ellos.*

*La Calidad Total, **utiliza como herramientas** principales, la obtención, recogida y análisis de las **opiniones y sugerencias de los clientes y empleados** a efectos de mejorar el **diseño** de productos y servicios y de las **sugerencias de los empleados** a efectos de mejorar los procesos de producción y de funcionamiento de la organización."*

La Excelencia así definida implica, ante todo, **una actitud** de adecuar los **productos y servicios a los deseos y necesidades** del cliente tanto en el presente como en futuro, lo cual se traducirá en buenos resultados económicos y/o de imagen.

Asimismo, la Excelencia considera que **la actitud del empleado es clave** para lograr la satisfacción del cliente y la continua mejora de procesos.

Es el empleado quien detecta en su día a día las múltiples pequeñas sugerencias o peticiones del cliente y quien, desde su puesto de trabajo, descubre posibles maneras de simplificar y hacer más productivos los **procesos**.

De igual manera, es fundamental considerar al **cliente** como un colaborador inestimable de la empresa a la que, con sus quejas, reclamaciones y sugerencias, orienta en la detección de los defectos y en la mejora de los productos y servicios.

¿Por qué se utiliza la **denominación** de Calidad Total?

El empleo del **adjetivo Total** quiere subrayar que la TQM tiene una visión holística que busca optimizar y mejorar constantemente tanto los productos y servicios, como los procesos, la gestión de los recursos y una amplia concepción de los resultados. Por ello:

- La calidad del **producto y servicio** que recibe el cliente, debe incluir no sólo la del producto en sí, sino también el embalaje, la fecha de entrega, la claridad en la factura, el trato al cliente, la recepción de sus quejas y sugerencias, etc. etc.

- La calidad del **proceso** exige la calidad de todos los procesos que forman parte y/o afectan a la producción, tales como el proceso de diseño del producto, el proceso de fabricación, el proceso de control de las materias primas y piezas, el proceso de medición y evaluación del producto, el proceso de facturación, el proceso de tramitación de las quejas y sugerencias, etc. etc.

- La calidad de la **gestión** de la organización requiere involucrar las capacidades, esfuerzo e interés de todos los participantes directivos, empleados, clientes y proveedores, lo que implica lograr que todas las interrelaciones existentes deben contribuir y contribuyan realmente a la calidad

Debe tenerse en cuenta que el término Calidad, o Gestión de la Calidad, se ha utilizado frecuentemente para referirse a la Certificación de Procesos.

Por ello, en la actualidad, para referirse a la Calidad de la Gestión Empresarial, se está optando por utilizar más el término Excelencia que el de Calidad Total.

No obstante, para mantener la conexión con los orígenes, se sigue utilizando también el término **Calidad Total**, no sólo Calidad, como **sinónimo de EXCELENCIA** y viceversa, si bien, cuando se use el término de Calidad Total conviene dejar claro qué se entiende ello.

9 LOS CUATRO PILARES DE LA CALIDAD TOTAL.

La mayoría de organizaciones modernas tienen cauces o medidas para corregir los errores que puedan surgir.

No obstante, muchas de esas medidas **no tienen éxito** porque:
a. **No suelen ser medidas preventivas**, sino que se ponen en marcha, o incluso se diseñan, una vez que han surgido los problemas y muchas veces, con la intención principal de buscar al culpable, lo cual es un grave error.
b. **No suelen incluir mecanismos para recoger** con detalle los problemas con que se encuentran día a día los trabajadores, ni las posibles **sugerencias** de éstos.

En las complejas y especializadas organizaciones modernas, los sistemas eficaces para introducir mejoras requieren:
a. Establecer mecanismos para **identificar los problemas** que surgen o puedan surgir en los procesos.
b. Hacer posible la **participación** de las personas que intervienen en esos procesos para que sugieran posibles medidas correctivas a aplicar.

c. Dar a conocer las propuestas de **mejora** a toda la organización, por si hubiera sugerencias alternativas.
d. Dejar claro que las medidas sugeridas, una vez consensuadas, serán apoyadas por la dirección, es decir **implementadas**.

La Calidad Total actúa en esa línea. No es una mera declaración de principios bien intencionados. Implica una gestión clara y sistemática que se apoya en los cuatro pilares siguientes: **clientes, recursos humanos, procesos y espíritu de mejora continua.**

Si alguno de estos pilares no es tomado, en consideración, adecuadamente, no se puede decir que la organización esté aplicando los principios de la Calidad Total. Se puede estar buscando la Calidad del Producto o la obtención del Certificado de Calidad ISO 9000 u otro, pero eso por sí solo no es Calidad Total.

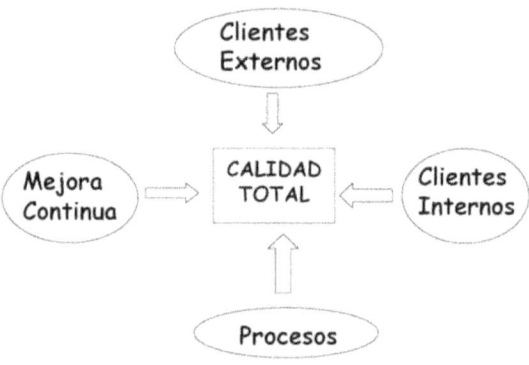

9.1 Los Clientes Externos

Desde el punto de vista de la calidad, **cliente** es toda persona o entidad que recibe los productos o servicios que elabora un puesto de trabajo o una unidad productiva.

El concepto de cliente no está exclusivamente reservado a aquél que adquiere un producto en el mercado.

Cliente es también todo ciudadano **que acude a** la Administración Pública en demanda de un determinado servicio, inclusive, aunque esté obligado por ley a acudir a ella (por ejemplo, para hacer la declaración del Impuesto sobre la Renta).

Concebir al ciudadano como cliente de la Administración crea psicológicamente una relación diferente de la tradicional. Ya no es alguien que *"mendiga un acto de generosidad"* por parte de la Administración Pública sino un cliente que *"compra un servicio"* que la Administración le ofrece, por el cual paga vía impuestos o tasas, y que por tanto tiene derecho a mostrarse descontento con el servicio recibido.

El uso, **en el ámbito público**, del término cliente invita a la Administración a tratar al ciudadano de forma especial y a tener preocupación por atenderle.

En el ámbito privado, en el que el beneficio de la empresa depende de conseguir y mantener una cuota de mercado, el interés por el cliente está aún más arraigado.

Cada vez se enfatiza más la importancia de *"fidelizar"* al cliente, es decir, lograr que se sienta atraído a volver a comprar en nuestra empresa porque la percibe como una organización que elabora o suministra productos de calidad, que se preocupa por mejorarlos, y que pretende ofrecerle la máxima satisfacción. En suma, de que sientan que la marca de nuestra compañía es síntoma de valor y satisfacción.

La Calidad Total denomina **Clientes Externos** a las personas u organizaciones que adquieren o reciben productos o servicios finales de una organización.

Como su nombre indica, los **Clientes Externos** se hallan **fuera de** la organización suministradora.

Uno de los primeros trabajos de una organización que desea asumir la filosofía de Calidad Total es **identificar** a sus clientes:

- ¿Cuántos tipos de clientes tengo?
- ¿Cuál es el grupo más numeroso?
- ¿Cuál es la importancia de cada grupo para la organización?
- ¿Qué productos o servicios consume cada uno y en qué cuantía?

La identificación y cuantificación de los clientes, acompañada de la enumeración y cuantificación de los productos que se les suministran a cada tipo de cliente, **describe la actividad** de la empresa u organización.

Una vez efectuada esta radiografía de la actividad de la organización, la Calidad Total señala que hay que debe intentar **conocer con detalle las opiniones** de los clientes:

- ¿Qué productos les agradan más y por qué?
- ¿Qué defectos encuentran en los distintos productos?
- ¿Cómo son atendidos en cada caso?
- ¿Qué sugerencias hacen para mejorar el producto o el servicio?

Estas informaciones son de gran valor para la organización porque, aunque no sean la única fuente para tomar decisiones, señalan el horizonte hacia el cual debe evolucionar la organización.

Recordemos que en el apartado "Calidad del Producto" se subrayaron las dificultades que existen para concretar la esencia de la calidad del producto en unos cuantos parámetros objetivos. Por ello, el cliente es una valiosísima fuente de información para orientar a la empresa entender qué es la calidad del producto.

La Calidad Total enseña a **dejar de considerar las quejas de los clientes como un problema**. Por el contrario, subraya que las quejas son una información que nos facilita gratuitamente el cliente.

No hay que poner obstáculos de ningún tipo, ni mala cara, **al cliente que viene a quejarse.** Por el contrario, hay que considerarlo como alguien que se está molestando en comunicarnos algo que estima un defecto.

Ishikawa[21] plantea la siguiente cuestión: *"¿Por qué existen tantas dificultades para descubrir los defectos de los productos que llegan a manos del consumidor?"*

Su respuesta es la siguiente:

*"**En primer lugar**, los consumidores no suelen reclamar. Tal vez lo hagan si encuentran un fallo en un artículo costoso, pero sobre la mayoría de artículos no dicen nada. Sus quejas permanecen latentes y ocultas y simplemente, cuando vuelven a comprar un producto similar, optan por otra marca. De ahí la gran importancia de tener información sobre las quejas. Hay que animar a los consumidores a que se quejen.*

***En segundo lugar**, en muchos casos la información, sobre las reclamaciones, que se recibe de los consumidores y usuarios desaparece en alguna parte y nunca llega a la compañía que produjo el artículo"*

---

[21] ¿Qué es el Control Total de Calidad? Pag 100.

156

La Calidad Total subraya que dar facilidades a los clientes para que presenten las quejas, y en especial, sugerencias, tiene una doble rentabilidad:

- por un lado **"fideliza"** al cliente a la empresa, pues éste "sabe" que esa empresa le escucha;
- por otro, es una inestimable **fuente de información** y sugerencias para la empresa.

Evidentemente, al dar estas facilidades el número de quejas va a aumentar, al menos en una primera fase, pero **esto no debe desanimarnos** sino todo lo contrario pues, como señala Ishikawa, *"el aumento de las reclamaciones es una señal clara de la eficacia del sistema que hemos establecido".*

Lamentablemente, en la mayor parte de las empresas, la realidad es la contraria: las reclamaciones del cliente **se consideran como una molestia** de la que hay que librarse de la mejor manera posible, muchas veces dándole largas al asunto, en lugar de considerarlas como una información gratis y valiosa para detectar y corregir los fallos en que pueda estar incurriendo la empresa.

9.2 Los Clientes Internos

En la época del desarrollo industrial el concepto de empresa estaba **muy vinculado** a la idea de inversión, a la idea de **capital** industrial o financiero.

En el mundo moderno las empresas han ido dándose cuenta de que una parte muy importante del valor de la empresa radica en los **conocimientos y habilidades** del personal, tanto directivo como técnico o de organización.

Los recursos humanos han pasado a considerarse el **Capital Humano** de la organización.

En esta misma línea, la TQM atribuye una **importancia primordial** a los recursos humanos de la organización. Para subrayar esta importancia califica a los empleados como **Clientes Internos** de la organización.

Ishikawa[22] comenta que un ejecutivo de CBS/Sony le dijo: *"Hemos tenido muchos visitantes de Europa y de USA que desean observar nuestra tecnología de fabricación de discos fonográficos. Saben que nuestros discos suenan mejor pero cuando visitan la planta descubren que empleamos la misma tecnología, la misma prensa y las mismas materias primas. Algunos insisten en que tenemos soluciones secretas y piden que les dejemos*

---

[22] ¿Qué es el Control Total de Calidad? Pág. 13

*inspeccionar los residuos. Naturalmente no encuentran nada diferente de lo que hay en sus propios residuos. Ponen cara de desconcierto cuando le digo que **la diferencia en la calidad sonora no proviene de nuestras máquinas sino de nuestra gente**"*

Las materias primas, las máquinas y los procesos son muy importantes en el proceso de producción, pero siempre son gestionados, aun en el caso de procesos muy automatizados, por los empleados.

En consecuencia, los conocimientos de los empleados, su actitud y el interés dedicado a la gestión de esos medios van a influenciar en gran medida los resultados de la misma.

El tipo de relación que la organización mantenga con los empleados tiene un gran impacto en la actitud de los empleados, en su motivación e los resultados e incluso en el desarrollo del know-how de la empresa.

La Calidad Total opta por resaltar la importancia de los empleados. Por ello los denomina Clientes Internos, con lo cual pretende decir que no son un mero recurso más (el recurso humano) de la organización, sino que **deben ser considerados** por ésta como **una clientela a la que hay que cuidar** y a la que se puede perder.

Todo puesto de trabajo o unidad productiva puede ser percibido, por un lado, como **Proveedor** y, por otro, como **Cliente**.

En efecto, todo puesto de trabajo, y también toda unidad productiva, tiene relaciones de dar y recibir con el entorno. Así un empleado puede **recibir** instrucciones de su jefe y, **en contrapartida** a aquéllas, **generar** un producto o servicio (por ejemplo, un informe técnico, un impreso cumplimentado, el archivo de un expediente, una propuesta de resolución, etc.) y **entregarlo** (proveerlo) a su jefe o unidad solicitante.

De hecho, cuando el jefe da la instrucción de que se haga algo, lo que está haciendo es simplemente algo similar a lo que hacen los clientes de cualquier organización: **solicitar** un determinado producto o servicio.

En este caso, **el jefe es "Cliente" del empleado,** aunque su petición esté basada en la autoridad jerárquica que posee. Por tanto, el deber del empleado es satisfacer a ese "Cliente" que por su parte tiene como responsabilidad primera formular **con claridad su "pedido"**

Al igual que los clientes en el mercado pagan a sus proveedores por los productos o servicios que reciben, **el jefe,** dentro de la empresa, **retribuye a su "proveedor",** es decir a su empleado, tanto económicamente (el salario) como en perspectivas de promoción, relación humana, reconocimiento profesional etc.

Recíprocamente cabe decir, que **el empleado es Cliente del jefe** en la medida en que "compra" (o no) sus instrucciones, su filosofía empresarial u organizativa, sus actuaciones para motivarle, etc.

Por ello, **el jefe,** en tanto que "proveedor" **debe cuidar** a su "empleado-cliente", preguntándole cómo puede él, el propio jefe, mejorar su "producto" (instrucciones, filosofía, capacidad de motivación, etc.).

El jefe no debe ser sólo el jefe sino un **coordinador** que promueve la mejora de la organización.

Preguntar al empleado, con inteligencia, técnicas y oportunidad, no es renunciar a la posición de Jefe, sino **crear un clima** de confianza con el empleado que permita al Jefe conocer sus opiniones y sugerencias. Más tarde, si lo considera oportuno, los resultados de este énfasis en la confianza podrán inducir al jefe a cambiar su estilo de liderazgo.

Por todo ello, la Excelencia pone mucho énfasis en denominar Cliente Interno al empleado pues entiende que de esta forma se supera, de forma inequívoca, la tendencia tradicional que consideraba al empleado como un mero subordinado, cuya misión era únicamente cumplir las instrucciones que le dieran sus superiores.

El concepto de cliente interno, por analogía con el de cliente externo, resalta que hay que tratar al empleado como a un "cliente" al cual hay queremos vender nuestro "producto", es decir nuestro deseo de que se involucre para hacer nuestra empresa mejor y más rentable.

Puede sonar a utópico pero la Excelencia demuestra que es plenamente posible.

Sin embargo, **un error frecuente** consiste en considerar que las sugerencias del empleado **deben limitarse** al ámbito estricto de la mejora de los procesos de producción y que no deben inmiscuirse, ni siquiera proponiendo sugerencias, respecto a la gestión y muchos menos en cuanto a la organización.

La TQM considera que no debe descartarse la posibilidad de que los empleados aporten sugerencias para la mejora de cualquier aspecto de la organización, tanto sea respecto a los procesos como a los productos y servicios que se generan e, inclusive, respecto a la estructura organizativa y normas de funcionamiento (distribución de competencias, problemas de comunicación, sistemas de incentivos, etc.)

No hay que tener miedo a que los empleados planteen sugerencias que pudieran, incluso, cuestionar la estructura jerárquica o el sistema de promoción profesional e incluso el sistema de remuneración. Por el contrario, la TQM propone que se les estimule a **producir todo tipo de sugerencias.**

El sentido común de los empleados, su nivel de formación y sus disponibilidades de tiempo les llevará a concentrarse en formular sugerencias en aquellos campos en los que se sientan más preparados. Así, será poco frecuente que los empleados del escalón más bajo pretendan formular propuestas de reorganización empresarial.

Sin embargo, aun en el caso de que ellos u otros estamentos las formulen, la dirección debería congratularse porque toda sugerencia, sea sobre procesos de producción, nuevos productos o modificaciones en la forma de gestión constituye una **manifestación de interés** por parte del empleado.

Ahora bien, toda sugerencia **debe ir acompañada de una justificación** en la que se explique cómo, la posible puesta en práctica de esa sugerencia, va a añadir valor neto a la producción actual de la empresa u organización.

9.2.1 Disparidad de opiniones entre Jefes y Empleados

Desafortunadamente, la realidad muestra que, en la mayor parte de las ocasiones, las organizaciones no están muy interesadas en obtener la opinión del personal e incluso evitan el hacerlo, perdiendo así un inmenso potencial de valiosas sugerencias de mejora.

Por ello, cuando deciden hacer una primera encuesta a los empleados, en un contexto que garantice de forma absoluta el anonimato, es muy posible que se obtengan resultados que pongan de manifiesto la existencia de un profundo conflicto de puntos de vista entre jefes y empleados, que **bloquea la colaboración** y que da lugar a que **la organización infrautilice el potencial** de sus empleados por no lograr motivarlos realmente.

A título de ejemplo, cabe citar los resultados de una encuesta que el autor realizó, a finales de los años noventa, en un contexto de absoluto anonimato, a **once grupos** diferentes de funcionarios públicos de la Administración Pública española.

Cinco grupos estaban compuestos, cada uno de ellos, por funcionarios que pertenecían a un mismo Departamento u Organismo mientras que los otros **seis grupos** estaban constituidos, cada uno de ellos, por funcionarios pertenecientes a distintos Departamentos u Organismos.

En las encuestas a los once grupos se les hicieron las mismas preguntas.

164

Primero, se les pidió que, entre una serie de veintidós posibles directrices, indicasen las cinco que a su juicio primaban más **en la actuación del Director del respectivo Centro Directivo** para el que trabajaban.

A efectos de que ponderasen qué directrices primaban, los encuestados debían otorgar 5 puntos a la que considerasen que daba más importancia el Director, 4 a la segunda, 3 a la tercera, 2 a la cuarta y uno a la quinta.

Después se les pidió que volviesen a cumplimentarla, pero señalando esta vez las cinco directrices que adoptarían como principales **si ellos hubiesen sido nombrados Directores** de sus respectivos Centros Directivos y que, al igual que en la encuesta anterior, las puntuasen de 5 a 1.

El objetivo era **ver si existía, o no, identidad** entre las directrices que aplicaba su **Director y las que ellos** consideraban que se deberían aplicar.

En función de la **similitud de las respuestas obtenidas**, se clasificó al conjunto de los once grupos encuestados, en **dos subgrupos**.

Uno constituido por ocho grupos, al cual denominaremos *"Otras Administraciones Públicas"* y otro, constituido por tres grupos que procedían de un mismo Organismo denominado Jefatura Central de Tráfico (JCT). A este otro subgrupo lo denominaremos *"Jefes Provinciales de Tráfico"*

165

El **primer** subgrupo estaba constituido por dos grupos de funcionarios de nivel alto y por seis grupos de funcionarios de nivel medio.

El **segundo** subgrupo estaba constituido tres grupos de funcionarios de nivel alto pues se trataba de los Jefes de las Jefaturas Provinciales de Tráfico.

Los 8 grupos del primer subgrupo tuvieron una media de 21 funcionarios encuestados y los 3 grupos de la JCT una media de 18 encuestados.

Los resultados aparecen en la tabla adjunta.

DIRECTRICES A LAS QUE SE DA O DARíA PRIORIDAD					
Directrices	Otras Admones. Públicas			Jefes Provinc. Trafico		
	A	B	A - B	C	D	C - D
No provocar conflictos	362	20	342	33	6	27
Eficacia	244	209	35	92	85	7
Eficiencia	147	243	-96	72	108	-36
Imparcialidad	39	47	-8	1	12	-11
Clarificar reglas	87	192	-105	32	40	-8
Respeto reglas	219	52	167	51	35	16
Clarificar fines	64	211	-147	19	41	-22
Estabilidad	229	10	219	41	13	28
Expansión	78	39	39	16	17	-1
Satisfacción del cliente	154	220	-66	93	94	-1
Fomentar la creatividad	24	130	-106	5	15	-10
Adaptación a Tecnologia	139	54	85	48	23	25
Imagen externa	357	30	327	80	52	28
Integración Empleados	35	151	-116	20	29	-9
Participación Empleados	27	152	-125	8	16	-8
Cooperacion entre Empleados.	15	102	-87	2	5	-3
Remuneración satisfactoria	15	90	-75	6	49	-43
Promoción profesional	27	92	-65	19	15	4
Relaciones Humanas	21	65	-44	13	23	-10
Transparencia Gestión	71	151	-80	50	38	12
Profesionalización	118	168	-50	64	56	8
Conciencia demandas sociales	57	110	-53	45	38	7

En cada columna aparece la suma de las puntuaciones totales que los encuestados otorgaron a cada criterio.

Las subcolumnas A y C expresan la puntuación de las directrices que los empleados estimaban inspiraban **el comportamiento de Director** de su Centro Directivo (centro de trabajo) respectivo.

Las subcolumnas B y D expresan la importancia que a esas directrices les otorgarían los empleados **si ellos si fuesen los Directores** de sus respectivos Centros Directivos.

Las puntuaciones reflejan el grado de concordancia o discrepancia entre los criterios que estiman se **están** aplicando y los criterios que consideran **deberían** aplicarse.

La tabla permite constatar que los encuestados del primer subgrupo, agrupados bajo el epígrafe **"Admón Pública" consideraban que sus Directores** daban prioridad (columna A), por este orden:

- "No provocar conflictos"
- "Imagen externa"
- "Eficacia"
- "Estabilidad"
- "Respeto a las reglas"

Por el contrario, si ellos fueran los Directores, consideraban (columna B) que habría que dar prioridad a:

- "Eficiencia"
- "Satisfacción del Cliente"
- "Clarificar los fines de la organización"
- "Eficacia"
- "Clarificar las Reglas"

Puede observarse, la **gran diferencia existente entre las prioridades** que estiman tienen los Directores de sus Centros Directivos y las que ellos, presuntamente, adoptarían si fueran nombrados Directores de sus respectivos Centros Directivos, ya que tan **sólo coinciden en cuanto a la *"Eficacia"*.**

Por otra parte, la diferencia de puntuaciones, entre las subcolumnas, (A-B) evidencia **el abismo que existe entre** lo que hacen los **Directores y** lo que estiman los **empleados** que habría que hacer.

En efecto, los encuestados consideran que sus **Directores** se mueven principalmente por principios **formales y conservadores** tales como *"No provocar conflictos"*, *"Imagen externa"* o *"Estabilidad de la organización"*, mientras que **ellos** estiman que habría que dar prioridad a la obtención de *resultados* y al cumplimiento de la *misión*.

Tras llegar a esta conclusión cabe preguntarse: *"si los empleados discrepan radicalmente de las directrices principales de sus Directores* **¿en qué medida cabe esperar que puedan aportar su máximo potencial?"**

Es de temer que esa discrepancia **de lugar a una falta de compromiso** por parte de los empleados hacia sus Directivos, ya que los valores o prioridades, sobre las que éstos trabajan, están muy lejos de las que los empleados consideran que habría que tener.

Por el contrario, en el otro subgrupo, Jefatura Central de Tráfico, comúnmente denominada Dirección General de Tráfico, resulta estimulante constatar la **concordancia de criterios** que se observó **entre** los **Jefes** Provinciales de Tráfico **y la cúpula directiva** del Organismo, que se refleja en la segunda columna de la tabla.

En efecto, se puede observar que los Jefes Provinciales encuestados consideran que la cúpula directiva otorga prioridad (columna C) a:
- "Satisfacción del Cliente"
- "Eficacia"
- "Imagen externa"
- "Eficiencia"
- "Profesionalización"

Las cuales **son las mismas directrices que ellos aplicarían** (columna D) si estuviesen en la cúpula directiva, aunque con distinto orden de prioridad:

- "Eficiencia"
- "Satisfacción del Cliente"
- "Eficacia"
- "Profesionalización"
- "Imagen externa"

Esta gran concordancia respecto a las directrices, sugiere confianza respecto a cómo se está actuando para que el Organismo cumpla su misión y pone de manifiesto una **gran identificación** de los Jefes Provinciales con la cúpula directiva (la Dirección del Organismo) lo cual constituye un fundamento esencial para que éstos aporten todo su potencial.

La Calidad Total **subraya la importancia de cuidar y escuchar a los Empleados,** a efectos de evitar que en las organizaciones existan discrepancias de criterio tan grandes como las que se han constatado en el ejemplo que acabamos de analizar las cuales tienen impacto negativo en la colaboración y en la creatividad.

9.2.2 Los Proveedores como Clientes Internos.

Los Proveedores son un caso particular de "empleados sui generis". Toda organización podría pretender, como ha ocurrido frecuentemente en el pasado, ser autosuficiente, creando departamentos que se dedicasen a producir todas las piezas o productos intermedios que necesita. Sin embargo, la realidad ha mostrado que la autosuficiencia suele estar en el polo opuesto de la eficiencia.

Pretender producir todos los productos intermedios impide las ventajas de la especialización. Sería ilógico que todas las organizaciones pretendieran tener cada una su propia empresa papelera para producir el papel que necesitan consumir en su tramitación administrativa o el cartón para el embalaje. Resulta mucho más barato y menos complejo adquirir el papel de empresas especializadas que trabajan no sólo para nuestra organización sino también para el resto del mercado.

La Calidad Total no propugna la autosuficiencia, pero enseña que toda organización debería llegar a considerar a sus proveedores como *"empleados que se han independizado"* y que, desde fuera, suministran un producto o servicio imprescindible.

La TQM subraya la importancia de la empresa establezca una **relación de confianza** con quienes le suministran las materias primas o los productos intermedios o piezas necesarias para el funcionamiento de sus procesos.

La Excelencia rechaza la filosofía mercantilista que basa la relación con los Proveedores exclusivamente en el precio de sus productos. Cambiar de un Proveedor a otro, simplemente porque un nuevo Proveedor ofrece una pequeña reducción en los precios, va en contra de la filosofía de la Calidad Total.

Antes de tomar una decisión de cambio de proveedor hay que preguntarse: *en caso de crisis, o de circunstancias imprevistas ¿quién estará más dispuesto a hacer un esfuerzo adicional por atendernos, el nuevo Proveedor o el Proveedor de toda la vida de la empresa?*

Ello no quiere decir que la organización o empresa deba mantener una actitud pasiva ante una situación en la cual los precios de sus Proveedores sean más caros que los de otros Proveedores de productos similares.

Lo que la TQM propugna es que se actúe con el Proveedor de forma similar a como se actuaría con un Empleado cuya productividad se esté quedando muy por debajo de la de sus compañeros.

¿Qué haríamos en ese caso?

Lo lógico sería ver las razones de su baja de productividad, hablar con él, plantear el caso y buscar fórmulas para corregir esa situación. Tan sólo si resultara imposible encontrar solución, por causas atribuibles al trabajador, es cuando procedería reciclar al trabajador hacia otra actividad o proceder a despedirlo si se tratase de una actitud voluntariamente negligente o malintencionada.

Una actitud análoga es la que conviene mantener con los Proveedores. La TQM propugna que, ante una pérdida de competitividad de nuestro Proveedor habitual por razones de precio, regularidad en el suministro, o atención de posventa, se dialogue con él para encontrar una alternativa. Tan sólo si no se logra una solución es cuando se procedería a cambiar de proveedor.

La ventaja principal de esta actitud consiste en que se habrá generado un **clima de lealtad** entre nuestra organización y sus Proveedores lo que puede ser de utilidad en muchísimas de las circunstancias imprevistas (urgencias, incremento de producción, problemas de almacenaje, etc.) con que puede encontrarse nuestra organización.

La realidad muestra que muchas de las grandes empresas se suministran, en su mayor parte, de Proveedores casi exclusivos para cada gama de suministros. Por ejemplo, Ford adquiere el 95 de sus piezas a productores únicos.

Así mismo, en 1997 Honorio Pertejo, Director General de Sogedac, la empresa que gestiona las compras del grupo Peugeot-Citroen en declaraciones a el periódico El Mundo manifestaba" *ha cambiado la costumbre de considerar al proveedor como un enemigo que venía a sacarte el dinero. Se ha intensificado, además, el sentido de colaboración mutuo... No se puede pedir a un proveedor que desarrolle una nueva tecnología y luego despacharlo a los dos o tres días... En 1983 teníamos 741 proveedores; hoy estamos en 150".*

Estas realidades de Ford y Peugeot coinciden con la filosofía que la TQM propugna respecto a los Proveedores: las empresas deben considerar a éstos como una clase de Clientes Internos independientes y su relación debe ir mucho más allá de la mera relación de compraventa en el mercado.

9.3 Los procesos

Las empresas producen aquello que los clientes compran. El estudio de la "clientela externa" permite obtener la radiografía productiva de toda organización.

Las empresas son lo que son sus clientes. Los tipos y cuantías de productos que se venden a cada cliente, las distintas formas de suministro por cliente, las reclamaciones más frecuentes, etc. etc. definen la actividad de la empresa y, en suma, lo que la empresa está haciendo para cumplir su misión.

La empresa genera y ofrece al cliente, todos sus productos o servicios a través de procesos más o menos definidos.

La formalización del proceso de fabricación es extremadamente importante cuando se trata de productos o servicios normalizados o estandarizados como ocurre en múltiples organizaciones.

En otras, el proceso no está tan estructurado, como por ejemplo cuando se trata de productos o servicios a medida o muy variados (caso de los trabajos de consultorías o de agencias de publicidad) pero, aun así, en gran parte, la generación del producto o servicio final suele estar pautada (por ejemplo, los tipos de cuestionarios utilizados, el formato de presentación, la estructura del informe, etc. etc.)

El ejercicio de toda actividad, incluso la más aparentemente sencilla, se realiza a través de un proceso y necesita una serie de entradas o aportaciones (inputs) para poder producir la salida (output) correcta, es decir el producto requerido.

Consideremos el caso de escribir un presupuesto dictado por una persona.
Requiere:
- Equipo de escribir en condiciones (máquina u ordenador).
- Materia prima (papel).
- Conocimiento del manejo del equipo.
- Instrucciones sobre cómo debe presentarse el presupuesto.
- Dictado del contenido del presupuesto.
- Revisión con diccionario o programa de comprobación para eliminar errores ortográficos.
- Encuadernación o presentación
- Etc.

La obtención de un producto correcto requiere que todas las fases del proceso hayan sido realizadas correctamente (dictado, escritura, revisión) e incluso que los procesos previos a cada fase estén garantizados.

Así, para el ejemplo que estamos utilizando se requiere, además:

- que se disponga de papel en cantidad suficiente;
- que el almacén donde se guarda el papel esté protegido contra la humedad para que el papel conserve su calidad;
- que el ordenador o máquina de escribir esté instalado en posición adecuada para su utilización por la persona que lo va a manejar;
- que el empleado haya adquirido previamente la formación adecuada para producir el presupuesto no sólo con las cifras y descripciones correctas sino también con el formato de presentación que se desea utilizar,
- etc. etc.

Cada empleado es responsable de ejecutar un número mayor o menor de fases del proceso (incluso la totalidad de ellas), lo que puede realizar con mayor o menor pericia profesional. Pero una **buena definición previa del proceso** y de sus fases, incluyendo las de control y supervisión, **garantiza** en gran medida que el producto final sea de calidad y que se ajuste al diseño o especificaciones del mismo.

Esto ocurre tanto si se trata de un producto normalizado como si se trata de un producto a medida no estandarizado (ej. un estudio medioambiental o una defensa penal).

La necesidad de definición del proceso parece obvia cuando se pretende realizar algo complejo como sería enviar un hombre a la Luna, pero también detrás de producciones aparentemente sencillas (ej. cultivar tomates) se encuentran procesos más o menos complicados y, dentro de cada proceso, los diversos procedimientos de detalle.

Las Normas ISO 9000 son metodologías que indican que todo proceso, que haya sido diseñado ajustándose a esas normas, **garantiza** que el producto o servicio que resulte del proceso **se adecua a las especificaciones**, es decir que tiene las características que inicialmente se hayan definido como correctas (tamaño, peso, dureza, presentación, plazo de entrega, etc.)

Frecuentemente los problemas de calidad en un producto determinado se encuentran en el **diseño del propio proceso**. Por ello uno de los factores que más garantiza la calidad del producto es el análisis y revisión del proceso de producción correspondiente.

Deming ilustraba esta afirmación con una anécdota.

Decía: *"imaginemos un gran recipiente donde se han vertido 50% de bolitas rojas y 50% de bolitas negras. Los empleados manejan unos cucharones mecánicos que se mueven todos a la misma velocidad y que se introducen en el recipiente y extraen bolas. Cada empleado realiza por tanto el mismo número de extracciones por hora. De las bolas extraídas se computan como buenas tan sólo las bolas negras que cada uno saca. Al final de la jornada se cuenta la "producción" de cada uno y obviamente unos habrán sacado más bolas negras que los otros.*

Entonces la dirección toma varias decisiones: primar a estos empleados, despedir al que menos bolas negras ha sacado y dar un curso de formación a todos para mejorar la producción.

En el curso de formación se les explica cómo funciona el cucharón mecánico, con qué inclinación conviene introducirlo. Se hacen ejercicios con él y se les anima a trabajar con la mayor dedicación posible. Vuelven al trabajo y de nuevo ocurre que un empleado (no necesariamente el mismo que la vez anterior) es el que más bolitas negras saca y la dirección repite sus decisiones de la vez anterior: primar a uno, castigar a otro y programar más cursos de formación"

Como es obvio **con estas decisiones no se consigue mejorar** la "calidad" del trabajo **ya que el origen del problema se encuentra en el proceso,** en la introducción inicial de las bolas rojas y negras en el recipiente.

Si se eliminaran todas las bolas rojas que entran en el sistema, eliminaríamos todas las bolas rojas del producto final. El problema comienza antes del proceso de extracción. Como es obvio, en el ejemplo descrito, el rendimiento depende enteramente del azar y el problema principal de la calidad radicaba en el defectuoso diseño del proceso.

Deming subraya que situaciones parecidas a la que expresa esta anécdota se dan en múltiples circunstancias de la vida real: *Se pide a los empleados que obtengan unas "calidades" de producto o servicio que **no dependen de su buena voluntad ni de su capacidad** de trabajo ni de su formación.*

Como se indicó anteriormente, **Deming** estima que en casi todos los casos el 94 por ciento de los problemas son inherentes al sistema, mientras que tan sólo el 6 por ciento son atribuibles al empleado.
Juran estima que el 80% de los problemas provienen del sistema. **Ishikawa**, de forma similar, señala que cuando una fábrica produce artículos defectuosos o fracasa en algo tan sólo del 20 al 25% de la culpa puede atribuirse a los obreros de línea.

Ahora bien, ¿cómo podemos saber si las diferencias en la producción por persona o en la calidad de los productos se deben o no al azar?
La conclusión es: hay que analizar los procesos para ver si son adecuados para producir

con calidad lo que se espera de ellos y para ver qué fases se puede mejorar mediante el rediseño del proceso.

¿Cómo analizar el proceso? **¿Quiénes son los que mejor conocen los entresijos del proceso?** Respuesta: los propios trabajadores que lo manejan.

Esto nos hace volver de nuevo a la propuesta básica que subraya la Calidad Total: **hay que involucrar a los trabajadores** de tal manera que sientan el proceso como suyo propio y que estén deseosos de mejorarlo constantemente. Para ello uno de los elementos principales a garantizar es la seguridad en el empleo.

Es imprescindible que los empleados tengan la confianza de que, si las nuevas mejoras que se introduzcan reducen la necesidad de puestos de trabajo en esa línea de producción, no se les despedirá sino que se les reciclará para trabajar en otras áreas de actividad de la empresa o en nuevos campos de actividad que se creen.

Los tiempos actuales parecen pronosticar una era de inestabilidad en el empleo, pero la realidad profunda de la vida socioeconómica no va en ese sentido. Conviene no confundir la externalización de funciones de la empresa con inestabilidad en el empleo de los trabajadores de la propia empresa.

La externalización consiste en contratar a otra empresa la realización de funciones que no constituyen la misión básica de la empresa, como pueden ser, para una empresa constructora, las funciones de limpieza, la vigilancia, la asesoría jurídica, la publicidad, etc.

El resto de las funciones de la empresa, son sus funciones clave y son realizadas por la empresa misma porque constituyen la esencia de su misión. Para realizarlas debe existir un personal permanente, salvo para la atención de algún exceso de demanda estacional.

Por otra parte, tampoco debe considerarse que el empleo en las empresas que realizan las funciones externalizadas deba ser necesariamente inestable. En efecto, para esas empresas, su actividad constituye el núcleo de su misión y también ellas **desean mantener un núcleo** de personal de confianza y especializado capaz de realizarla.

Obviamente, el empleo será más inestable en empresas cuya actividad se realice fundamentalmente a través de mano de obra no especializada y en las que por tanto es más fácil apoyarse en contrataciones de personal temporal adicional.

También conviene tener en cuenta que, aunque el dinamismo del contexto empresarial moderno impulsa a transformar la misión de la empresa para adecuarla a las nuevas demandas de la sociedad o del mercado, ello no implica inestabilidad en el empleo. La realidad permite constatar que los empresarios suelen desear contar con empleados capaces y comprometidos con ellos, a los cuales **reciclan para adecuarlos** a las nuevas misiones que haya podido asumir la empresa. Saben que volver a encontrar otro empleado capaz y de confianza requiere un tiempo, un esfuerzo y un coste y, si pueden, prefieren quedarse con el que ya cumplía esos requisitos.

La polivalencia del ser humano ofrece muchas más posibilidades de las que se cree y, salvo en los casos de cambios radicales hacia otras actividades que requieran una super especialización, suele ser posible insertar a los empleados fieles y comprometidos en la nueva empresa.

Las exigencias de dinamismo que la Calidad Total requiere de la empresa y la intensa cooperación que postula entre todos sus agentes son, asimismo, una garantía de estabilidad en la relación de empleo.

9.4   *La mejora continua*

La mejora continua constituye otro de los pilares fundamentales de la filosofía de la Excelencia. No se debe esperar a que se produzcan errores para introducir medidas **correctivas**.

Si se introducen medidas **preventivas** para eliminarlos, entonces los errores no se producirán. La organización debe hacer un esfuerzo por anticiparse a los errores o problemas que podrán manifestarse en el futuro.

Deming subraya que nadie pone en duda la necesidad de una mejora constante, pero algunos creen que el hecho de concentrarse en obtener más resultados conducirá inexorablemente a mejorar.

A título de ejemplo, Deming describe en sus seminarios a una supervisora que al final de cada jornada se reunía con su personal para analizar los productos y para descartar todo producto defectuoso. La supervisora hacia todo lo posible por ayudar a cada trabajador a evitar los errores y mejorar. Todos sus trabajadores la apreciaban y pensaban que ella tenía las mejores intenciones.

Esto era verdad, pero durante años el porcentaje de productos defectuosos se mantuvo. En realidad, ella estaba haciendo perder el tiempo al personal al final de cada jornada.

¿Qué mensaje quería transmitir Deming? Quería decir es que en este caso la supervisora está ayudando a revisar si los **productos** que se obtienen se ajustan a las especificaciones lo cual no está mal, pero es insuficiente.

Lo que habría que revisar como elemento fundamental es si los **procesos** son adecuados e incluso si el producto que se obtiene es el adecuado para las necesidades del cliente.

Cuando los problemas se abordan superficialmente se pierde la confianza en la posibilidad de mejorar. Entonces, se genera resentimiento, lo cual no hace sino empeorar progresivamente las cosas.

La mejora continua requiere

- que todos los empleados **comprendan** mejor los **procesos** internos y las necesidades de los **clientes**
- que exista un **compromiso** de la organización de invertir recursos **en la prevención** de errores
- que las personas tengan **autoridad para tomar decisiones que mejoren** la calidad en sus propias áreas de trabajo

El proceso de formación para la mejora no debe limitarse sólo a los altos mandos. Es probable que los trabajadores de línea conozcan mejor que sus jefes las cosas que marchan mal y cómo podrían evitarse. Es necesario, además, garantizar un flujo constante hacia arriba y hacia abajo de comunicación.

No basta con informar una vez al año. Son muy importantes las reuniones periódicas con plena libertad para formular sugerencias. Si estas condiciones no se dan es difícil que exista realmente un espíritu de mejora continua.

El ciclo de mejora consta de cuatro etapas.

- La primera consiste en decidir **qué mejora** se pretende introducir en el funcionamiento de la organización.

- La segunda consiste en llevar a la práctica el cambio a **pequeña escala**, a título experimental.
- La tercera fase consiste en **comentar** los resultados de esa experiencia.
- La cuarta etapa consiste en decidir si se opta por **extender** ese cambio a toda la actividad o si por el contrario hay que **desistir** de él porque no ha producido los resultados esperados.

La realidad muestra que muchas organizaciones **rara vez comparan** las predicciones del plan con sus resultados.

Es muy frecuente que no se efectúe una evaluación del plan, que se aprobó en su día, para saber qué desviaciones se han producido y por qué. Muchas veces los planes no son más que un conjunto de documentos que se elogian mucho en el momento en que se presentan, pero a los que nadie compara con los resultados reales.

Por ello, en la Sección I de este libro se subrayó que la Planificación puede ser un buen aliado, pero a la vez un temible enemigo.

El análisis de las diferencias entre el plan y lo realizado constituye una excelente y sistemática fuente de información para mejorar.

Para que una organización cambie existen tres caminos:

- El primero, mediante presión ejercida **desde fuera**. Ej. por una crisis de ventas.
- El segundo, camino consiste en cambiar por **mero voluntarismo**, con las mejores intenciones, pero sin una idea clara de por qué y hacia dónde.
- El tercero consiste en **tomar conciencia** de que es necesaria una transformación, un punto de vista completamente nuevo. (**Este es el camino que funciona**)

La importancia que el diseño del proceso tiene para la adecuada obtención del producto o servicio puede inducir al error de creer que lo que hay que hacer es establecer reglas muy detalladas que permitan controlar el funcionamiento de la organización.

Ishikawa decía que *"hay personas en el mundo que nacen para hacer reglas. Disfrutan estableciendo normas para controlar a los demás y creen que esto es administrar"*

Ishikawa enfatiza: *"Si las normas y reglamentos no se revisan cada seis meses, esto quiere decir que nadie los está utilizando seriamente"*

La TQM implica preguntarse constantemente respecto a todo proceso o producto: *¿Se puede mejorar?*

No basta tampoco con decir a los empleados: *"Formulen sugerencias"* y desentenderse del asunto.

Es necesario estimular continuamente a que se aporten sugerencias, agradeciendo las recibidas, sean o no útiles, y dando garantías a los empleados de que sus sugerencias serán analizadas, evaluadas y, en su caso, instrumentadas.

Para estimular la mejora de forma continua es imprescindible que se agradezca y de respuesta seria al empleado o grupo de empleados que presentó la sugerencia de mejora, informándoles si la misma va a ser implementada y, en caso negativo, explicándoles por qué no se considera posible ponerla en práctica.

Las cuatro grandes líneas de la mejora son:
- La innovación de los productos y servicios
- La innovación en los procesos que generan los productos y servicios
- La mejora de los productos y servicios.
- La mejora de los procesos actuales

A veces resulta muy difícil distinguir una innovación de una mejora. La innovación implica un salto cualitativo mientras que la mejora tiene un carácter más limitado y paulatino dentro del propio proceso o del propio producto.

La mejora continua requiere promover lo que hoy se denomina la *"gestión del conocimiento"*, es decir conseguir sacar partido del conjunto de conocimientos y de ideas que existen en la mente de los empleados y que muchas veces están simplemente a la espera de que se les de una oportunidad para manifestarse.

En el día a día del trabajo o en la relación con el cliente, los empleados van descubriendo cosas que no funcionan y, en muchos casos, alternativas para que mejoren, **pero nadie les pregunta.** Ese es un potencial de conocimiento que todo buen directivo debe gestionar.

Como decía el general Gral. George PATTON *"Nunca digas a la gente cómo tiene que hacer las cosas. Diles lo que quieres lograr y te sorprenderá su ingenio"*

10   EL BENCHMARKING

La mejora continua no debe basarse únicamente en el esfuerzo interno de la organización. Es absurdo pretender que todas las innovaciones sean fruto de la creatividad interna de la empresa. Hay que aprender del entorno; hay que estar dispuesto a recibir toda aportación positiva, venga de donde venga.

Una cosa es que la organización para mejorar deba asumir una clara voluntad de mejora y otra muy distinta es el pensar que toda idea de mejora debe de venir desde dentro de la organización y sólo desde dentro de ella.

Vivimos en un mundo muy dinámico y complejo en el que la interdependencia es cada vez mayor.

Las grandes empresas de automóviles tan sólo producen, cuando mucho, el 30% de las piezas que ensamblan en un automóvil. La mejora de esas piezas y de los procesos para producirlas se realiza en las propias empresas suministradoras que las producen.

En consecuencia, muchas mejoras son generadas por los proveedores: nuevas tecnologías, nuevos materiales, nuevos productos y servicios para comprar o vender. Esto obliga a todas las empresas a una adaptación de sus procesos de producción a esos nuevos materiales, tecnologías, o productos intermedios.

La Excelencia señala que los directivos de toda organización deben realizar, de forma permanente, el papel de oteadores del horizonte, el papel de buscadores de nuevas ideas, de nuevas sugerencias.

Muchos de los éxitos que alcanzan las organizaciones en la conquista de nuevos mercados se derivan de haber tomado la iniciativa al introducir nuevas tecnologías **que vienen de fuera** en el proceso de producción o en diseñar nuevos productos basados en nuevos materiales **creados por** los proveedores.

> Benchmarking = **Hacer comparaciones con otras organizaciones**

De igual manera, muchas ideas de mejora surgen en empresas u organizaciones muy similares a las nuestras y de ahí la importancia de saber **qué** hacen, **por qué**, **cómo**, etc:

- ¿Está nuestra organización utilizando suficientemente su potencial de mejora?
- ¿Somos mejores que nuestros homólogos o competidores?
- ¿En qué les ganamos?
- ¿En qué nos ganan?
- ¿En qué podemos mejorar?

Aprender de los mejores, ese es el reto.

El Benchmarking es fundamentalmente eso: un método sistemático de obtener información para aprender de los demás, para aprender del entorno.

La palabra *Benchmark* significa punto o nivel de referencia con el que compararse. Las empresas punteras utilizan el benchmarking, o establecimiento de puntos de referencia, para compararse en áreas clave con los resultados obtenidos por las mejores empresas de mundo.

Hoy en día todas las organizaciones pueden encontrar otras similares con las cuales compararse. Incluso las organizaciones que actúan en régimen de monopolio pueden encontrar siempre organizaciones similares en otros países o en otras áreas económicas de esta gran aldea global que es el mundo.

Sin el benchmarking la organización puede volverse estrecha de miras y autocomplaciente. Puede considerar que está teniendo un gran ritmo de mejora, pero ¿es eso cierto?

El benchmarking aporta **una visión** de lo que es posible, una comprensión de cómo se puede conseguir y una **meta** a la que aspirar y superar.

10.1 ¿Qué características se pueden comparar?

Todos los parámetros que definen una organización tales como su estructura organizativa, su tipo de dirección, sus medios materiales y humanos, sus resultados, etc. son susceptibles de medirse y compararse.

Así, por ejemplo, cabe comparar:
- El grado de satisfacción de los clientes
- El volumen de ventas
- La inversión en I+D (ej. formación)
- Su sistema de compras (nº de proveedores, tasa de rechazos, puntualidad en el suministro, etc.)
- Su gestión de materiales (ej, tamaño y organización del almacén)
- El tiempo que se tarda en diseñar nuevos productos
- Productos o servicios por persona, productividad

El programa de benchmarking debe concentrarse en las **actividades clave** para cada organización.

Hay que evitar pretender obtener un excesivo volumen de información.

Por un lado, por el **coste** que ello implica y, por otro, porque conviene concentrarse en los **aspectos determinantes** que hacen que las otras organizaciones tengan unas ratios de producción o unas formas de organización que puedan considerarse superiores a los de la nuestra.

Ahora bien ¿**cómo identificar** en qué sectores o áreas de la organización conviene, prioritariamente, hacer el benchmarking?

Varios son los métodos utilizados para ello, tales como:

1. **Encuestas de clientes**, para averiguar en qué áreas de actividad se encuentran las ventajas diferenciales que hacen que prefieran ser clientes de nuestros competidores en vez de nuestros.

2. **Análisis funcional**, que nos señala cuales son las actividades que más recursos consumen en nuestra organización y dónde por tanto será más conveniente impulsar mejoras. Como es obvio, mejorar un 5% la productividad en un área que concentra el 80% de los recursos humanos y materiales de una organización será mucho más rentable, en términos cuantitativos, que mejorar un 15% la productividad en el 20% restante de la organización.

3. **Análisis de costes por actividad**, lo que es una variante económica del anterior, que identifica las actividades con mayor coste y en especial aquellas en que el valor añadido (coste del proceso) es mayor. Será más rentable introducir mejoras de la eficiencia o rediseño de procesos en ellas que en otras actividades de menor nivel en la organización.

Una vez elegidas las áreas clave de actividad respecto a las cuales vamos a obtener información en otras organizaciones, es necesario concretar los parámetros clave a comparar, por ejemplo:

- número de proyectos redactados
- coste medio por proyecto redactado
- número de proyectos realizados y su coste
- coste medio por proyecto realizado
- número de licencias concedidas
- número de facturas abonadas
- número de pasajeros/km transportado
- Etc.

Como es lógico, cada organización debe definir, en función de sus actividades específicas, cuáles son los parámetros más significativos de sus procesos de funcionamiento, de su organización y de sus resultados para compararlos con los que se dan en otras organizaciones similares.

Ahora bien, una vez concretado lo que queremos saber,

- **¿Dónde** obtener datos sobre lo que ocurre en otras organizaciones?
- **¿A quién** utilizar como modelo para establecer los estándares de referencia?
- **¿Cómo** obtener la información?

Las posibilidades son múltiples:

1. En **órganos similares de una misma** organización. Ejemplo, dentro de un mismo fabricante de automóviles cuando tiene dos o más naves, en el mismo o en diferentes

países, que producen el mismo tipo de vehículos.

2. En órganos similares de organizaciones que operan en áreas o mercados **no concurrenciales.** Por ejemplo, entre distintos municipios de un mismo país que acuerdan intercambiar información sobre sus parámetros claves de referencia: nº de ciudadanos por policía; nº de trámites por empleado; personal de áreas burocráticas respecto al resto de áreas; nº de licencias de obra e importe medio de las obras, etc.

3. Otras partes no similares de la **propia organización**, lo cual a veces puede no resultar suficientemente fácil de comparar. Por ejemplo; grado de informatización en el área de personal, en el área de gestión económica, en el área de servicios generales, etc.

4. Los **competidores**. Suele ser más difícil conseguir información, aunque hoy en día hay muchos indicadores generales que se hacen públicos. Ej. volumen de unidades vendidas, plantillas, pasajeros por kilómetro, etc. que permiten comparar al menos grandes indicadores.

5. Organizaciones de **ámbitos de actividad diferentes** de la nuestra. Es más fácil

intercambiar información y visitas y siempre hay elementos comunes, como mínimo en las áreas generales, de los cuales se pueden extraer conclusiones interesantes.

10.2 ¿Cómo recoger la información adecuada?

Obtener los datos de benchmarking implica un esfuerzo que se puede hacer desde la propia organización o contando con ayuda externa.

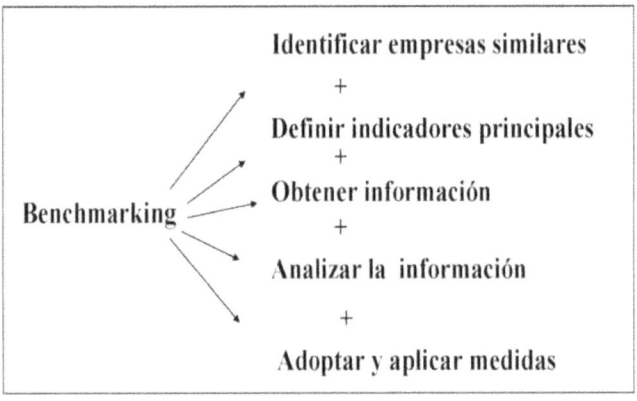

El **primer** paso consiste en **identificar** qué empresas u organizaciones son adecuadas para compararnos con ellas por su grado de similitud y, en especial, porque se tengan indicios de que tienen un alto estándar de calidad. Esta identificación se puede realizar preguntando a clientes, a consultores, a estudiosos, a empleados, a asociaciones o entidades dedicadas a la obtención de indicadores, etc.

En **segundo** lugar, hay que obtener **datos concretos**, lo cual será más o menos difícil en función de las posibilidades que se tengan de acceso a la información sobre el funcionamiento y resultados de otras organizaciones.

En general las **fuentes de información** son múltiples y muy variadas.

Unas indirectas, a través de revistas técnicas, asociaciones comerciales, cámaras de comercio, encuestas de clientes, etc.

Otras directas, mediante el intercambio de información a nivel nacional o internacional con organizaciones que no sean directamente competidoras de la nuestra. En este sentido las ferias de productos y los congresos de organizaciones de un mismo sector son momentos muy adecuados para obtener esa información.

La gestión de la Calidad Total no se opone a que la obtención de datos de benchmarking se encargue a una consultora externa.

No obstante, dado que la TQM es inseparable del compromiso de la propia organización con el proceso de mejora, resulta imprescindible que miembros de **la propia organización**, que incluyan a tomadores de decisiones clave y a especialistas en los procesos principales, participen en la definición de los **indicadores** sobre los que estiman prioritario obtener información de benchmarking.

Este mismo equipo interno debe identificar organizaciones que consiguen altos niveles de productividad y recoger información sobre los niveles de actuación de esas organizaciones.

Obviamente, si se ha optado por encargar estos trabajos a una consultora externa, el equipo interno no tendrá que hacer otra cosa que supervisar la información obtenida para garantizar que se adecua a lo solicitado a la consultora.

El equipo interno debe, en todo caso, recoger los datos de los indicadores de actuación de la propia organización, compararlos con los resultados del benchmarking realizado, identificar las lecciones que pueden aprenderse de esas organizaciones y diseñar un modo de implantarlas.

10.3 Recomendaciones respecto a la obtención de datos de benchmarking.

1. Es una actividad **costosa** especialmente cuando se realiza sobre organizaciones muy opacas o poco proclives a compartir información. Por ello debe estar bien pensada y planificada.

2. Se debe evitar **reunir demasiada información** pues corremos el riesgo de que

la mayor parte de ella quede luego desaprovechada.

3. Es necesario no sólo comparar las ratios de producción sino **también comparar** los **métodos** de producción lo que, en muchos casos, requiere comunicarse con el personal de la otra organización

4. Sólo vale la pena **focalizarse** en las actividades principales que incrementan la satisfacción del cliente o que incrementan y/o mejoran la producción. Otros indicadores de las organizaciones, tales como plazas de aparcamiento por empleado, los días de vacaciones, etc. suelen ser secundarios y no se debe dedicar apenas tiempo a buscar esa información, al menos en un primer trabajo de benchmarking.

10.4 ¿En qué momento conviene hacer comparaciones?

La toma en consideración de los indicadores de otras organizaciones debe realizarse **en todas las etapas** de la vida de la organización, incluyendo desde el momento en que se crea o se inicia la actividad.

Los indicadores son especialmente útiles cuando se va a crear o se va a hacer una reforma profunda o un relanzamiento de la organización ya que en ese momento se toman decisiones clave, que influyen a largo plazo sobre el desarrollo de la organización.

En cualquier otro momento, el benchmarking también es útil pues el conocer los indicadores de organizaciones excelentes, nos ofrece pistas respecto a directrices a tomar para hacer evolucionar nuestra organización. Los indicadores de benchmarking constituyen siempre un acicate para la mejora de la organización.

En Francia, uno de los métodos que con más éxito ha utilizado tradicionalmente el Servicio de Extensión Agraria para asesorar a las Empresas Agrarias, grandes o pequeñas, han sido los datos de benchmarking o indicadores obtenidos de distintas Empresas Agrarias de tamaño similar. Datos tales como la cantidad de fertilizante por hectárea, cantidad y tipo de semillas utilizadas, potencia de los tractores, número de cabezas de ganado por hectárea, etc.

El Servicio de Extensión Agraria francés aprendía de las mejores prácticas de las empresas agrarias que le facilitaban datos e indicadores de producción en contrapartida a la garantía de confidencialidad total, a un apoyo más directo, más asesoramiento y a un trato especial.

10.5 Limitaciones del benchmarking

1. **No indica por sí solo lo que desean los clientes.** El benchmarking ofrece información sobre la realidad actual pero no sobre los deseos ni las expectativas. Si un producto es obsoleto ninguna mejora en los procesos de producción lo convertirá en competitivo. Podrá ser más barato, pero seguirá siendo anticuado.

El benchmarking nunca sustituye a las encuestas sobre los nuevos productos que desearían los clientes ni a los procesos de innovación y creación de nuevos productos que realiza la propia empresa.

2. **Induce a concentrarse en mejorar aspectos y procesos ya existentes**. Se puede incurrir en el error de poner **demasiado énfasis en copiar** lo que hacen otros y poco en innovar, despreciando el potencial de creatividad de nuestra propia organización. Por ello, es necesario a la vez mirar al futuro y actuar con creatividad y previsión.

3. **No es más que un primer paso. La organización sólo se beneficiará si de verdad instrumenta las mejoras.** No basta con obtener los indicadores. Es necesario realizar una seria reflexión sobre ellos y estar firmemente decididos a lograr que los indicadores de nuestra organización alcancen o superen, en el plazo más breve posible, los de las organizaciones punteras de nuestro sector de actividad.

4.   La práctica del benchmarking sólo **identifica las diferencias entre niveles de actuación pero no el cómo alcanzarlos**. Requiere una información complementaria sobre cómo son los procesos que se realizan en las organizaciones que mejores resultados ofrecen.

Esta información (benchlearning) puede resultar más difícil de obtener. Es necesario, entonces realizar la adecuada investigación para conocer cuáles son las diferencias en procesos, estructura organizativa, cultura y otros con nuestra organización.

Sin embargo hay que buscar esa información para aprender **cómo trabajan** nuestros competidores y **qué diferencias** hay entre su organización y la nuestra respecto a procesos, estructura organizativa, cultura y otros aspectos de la gestión.

11 COSTES DE LA CALIDAD

Todas las organizaciones incurren en múltiples errores y fallos en el conjunto de procesos (estratégicos, operativos o de apoyo) diseñados para cumplir la misión de la organización.

Esto sucede tanto en la industria como en el sector servicios, tanto en el sector público como en el privado, y da lugar a consecuencias perjudiciales para los resultados económicos e imagen de las organizaciones y también para la sociedad en su conjunto.

Las empresas y organizaciones deben preocuparse por ofrecer a sus clientes productos y servicios **sin fallos, sin defectos**; productos que realmente respondan a las características que se pregonan de ellos, de forma que el cliente no pueda sentirse engañado por haber recibido un producto o servicio de calidad inferior a la anunciada por la empresa u organización.

Para garantizar esto es necesario dedicar unos medios humanos y materiales cuyo coste se considera *"costes de garantizar la calidad"* o, más sencillamente, *"costes de la calidad"*.

Lesley Munro Faure en su libro *"La Calidad Total en acción"* define los costes de calidad como *"aquéllos en que incurre una empresa para asegurarse que el servicio total que sirve a los clientes se ajusta a las especificaciones de los clientes".*

Los costes de generación de productos o servicios incluyen un conjunto diverso que podríamos clasificar en varios tipos:
- Costes de estudio y diseño del producto
- Costes de diseño de los procesos y de la organización
- Costes de producción, incluido el control
- Costes de entrega al cliente
- Costes para subsanar o reparar las quejas recibidas.

En los costes para *"asegurar la calidad"* se incluyen:
- los costes de prevención para evitar errores en el proceso de producción
- los costes de control para garantizar que el producto es adecuado
- los costes de subsanación de los defectos detectados.

11.1 Costes de funcionamiento y costes de la calidad

Los costes de funcionamiento de una organización pueden considerare el resultado de la agrupación de tres componentes:

C1= costes asociados **directamente** con ofrecer el producto o servicio. Incluye todos los costes directamente **vinculados con la producción**. Por tanto, incluye también los costes derivados de la producción de servicios o productos defectuosos así como los costes posteriores relacionados con la reparación de ese producto (recepción, reparación y reenvío del producto reparado).

C2= costes asociados con las **actividades de apoyo** (organización, planificación, diseño, etc.) que no son directamente productivos pero que pueden reducir los costes de producción y mejorar el diseño de los productos. Son costes de apoyo, por ejemplo, el tiempo dedicado a reflexionar o dialogar sobre cómo eliminar duplicaciones, cómo evitar la burocratización, cómo reordenar los procesos, cómo reorganizar las unidades, cómo cambiar disposición física de las máquinas, costes de contabilidad, de formación, de publicidad de la marca, etc.

C3= costes ocultos de **oportunidades desaprovechadas e infrautilización** de recursos. Ejemplo, una secretaria que se pasa 20 minutos buscando a su jefe supone un coste desaprovechado. Un empleado deseoso de colaborar y al que nadie consulta es otro ejemplo de coste desaprovechado. El coste de rotación de los empleados que se van por falta de motivación. Los costes derivados de la marcha de un empleado, tales como el coste que implica el utilizar a los empleados experimentados para que ayuden, asistan y preparen a los nuevos empleados; o el impacto en la producción y en la calidad debido a la pérdida de empleados y supervisores expertos. Los costes que para la oficina de gestión del personal implica la selección, contratación, etc de los nuevos empleados.

En todas las organizaciones cabe lograr importantes ahorros si se hacen esfuerzos para evitar la infrautilización de los recursos tanto materiales (un equipo costoso muy poco utilizado) como los humanos.

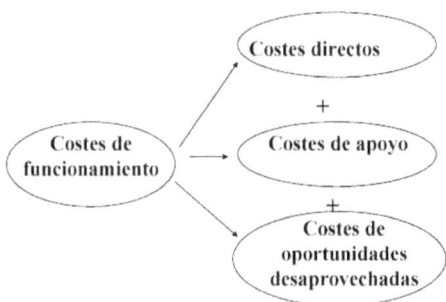

Otra forma de clasificar los componentes de los costes de funcionamiento de una organización sería la siguiente:

a. el coste de la **calidad** (prevención y control)
b. el coste de la **no calidad** (fallos externos e internos)
c. el coste de **ejecución** de lo realizado sin fallos.

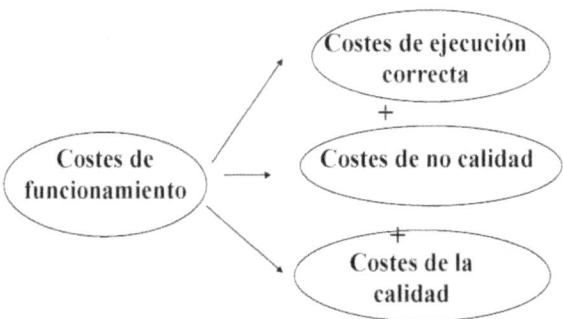

En esta línea, Rosander considera que el **coste integral de la Calidad** es la suma de los costes de Calidad más los costes de la No Calidad.

El coste de la calidad, así entendido, constaría de dos bloques:

1º Los costes en que se incurre para garantizar la calidad, como es el caso de los costes de **PREVENCIÓN** y los costes de **CONTROL**

2º Los costes de acciones que no producen calidad como son los costes por **FALLOS**, tanto internos como externos

Rosander define cada uno de estos tipos de costes como sigue:

COSTES DE PREVENCIÓN. Son los costes derivados de actuaciones realizadas para evitar producir productos o dar servicios de mala calidad.

Incluyen costes de actividades tales como: Selección y contratación del personal suficientemente cualificado a todos los niveles; diseño e impartición de cursillos de orientación y capacitación; programas especiales de formación; costes del personal que gestiona la mejora de la calidad; planificación, obtención y análisis de datos; informes sobre la calidad en la organización; etc.

COSTES DE CONTROL. Son los costes contraídos para detectar los errores y para garantizar que el producto o servicio final es de buena calidad. Se incluyen en este grupo los costes de inspección, revisión, verificación, comprobación, auditoría, muestreo, coste del análisis de productos y servicios, etc.

COSTES POR FALLOS INTERNOS. Son todos los costes dedicados a corrección los errores, fallos y faltas realizados **dentro de** la organización. Incluyen los costes para corregir métodos, procedimientos o técnicas defectuosas y para corregir errores y fallos en los productos y servicios.

Por ejemplo, los costes de material consumido en los errores y fallos; el coste de tener equipos infrautilizados; el tiempo perdido por los empleados; el tiempo destinado a corregir los fallos; los manuales, e instrucciones, mal escritos que hay que rehacer; las explicaciones deficientes o erróneas; el tiempo dedicado a volver a repetir un trabajo mal diseñado; el coste dedicado a una formación inadecuada; el coste del absentismo, etc.

COSTES POR FALLOS EXTERNOS. Son los costes que aparecen **cuando el producto o el servicio están fuera de** la organización. Por ejemplo, cuando los clientes descubren fallos. Se computan aquí costes tales como los dedicados a recibir quejas de clientes, a recibir y almacenar productos defectuosos devueltos por el cliente; a corregir fallos y errores en el servicio prestado; coste de reenviar al cliente el producto reparado; indemnizaciones; impacto negativo en la clientela, clientes perdidos, mala imagen ante otros clientes, etc.

Uno de los objetivos de toda organización que desea mejorar o caminar hacia la excelencia es **eliminar los llamados costes de no calidad**. La estructura, en porcentajes, del total de costes vinculados a la calidad, pone de manifiesto la diferencia entre una organización de calidad total y otra que no lo es:

En el cuadro adjunto se observa que, en las organizaciones que funcionen bajo la filosofía de la Calidad Total, la mayor parte de los llamados Costes de la Calidad **deberían concentrarse en los costes de prevención y control**. Por el contrario, los costes **por fallos** externos e internos deberían **reducirse al mínimo**.

En una organización de Calidad Total no sólo debe modificarse la estructura porcentual de Costes de la Calidad sino también su cuantía que, en términos absolutos, debe ser inferior respecto a otras organizaciones no centradas en la calidad. Esta reducción de costes es un ahorro que justifica la frase que dice: *"La calidad es barata"*.

Estructura de costes		
COSTES	INADECUADO	ADECUADO
Prevención	10%	40-50%
Control	20%	40-50%
Fallos Internos	40%	0-10%
Fallos Externos	30%	0-10%

Toda política de introducción de mejoras en una organización se enfrenta al problema de cuantificar los resultados de las mejoras introducidas.

Hablar de Calidad Total puede sonar muy bien pero el presidente puede querer saber qué se ha conseguido en términos económicos.

La organización creó un Departamento de Calidad y en Director desea saber en qué medida los resultados de las mejoras son superiores a los costes que conlleva la existencia del propio Departamento de Calidad. Todo directivo tiene derecho y el deber de plantear estos interrogantes y exigir respuestas concretas a sus preguntas.

Una información detallada de los Costes de Calidad de la empresa **ayuda a explicar** de forma cuantitativa los resultados del proceso de mejora. La evolución de la estructura porcentual de los costes, respecto a la situación de partida, debe permitir mostrar los logros en calidad y su impacto en la reducción de los costes de no calidad.

La disminución del total de costes de calidad (calidad + no calidad) constituye, de forma especial, una evidente expresión de la incidencia que ha tenido la introducción de la calidad (aparte de otros elementos a computar tales como la posible mejora de imagen y el subsiguiente incremento de las ventas, etc.)

En la práctica habitual de las empresas no centradas en la calidad, los costes de la calidad (calidad + no calidad) no se suelen calcular separadamente, sino que se suelen computar dentro de los llamados costes de producción o, lo que es peor, dentro de los llamados costes generales de la empresa.

Estos últimos suelen constituir un *cajón de sastre* en el que se incluyen tanto los costes de apoyo propiamente dichos, tales como los costes de la contabilidad o de gestión del personal o de seguridad de las instalaciones, limpieza de áreas comunes, etc. como los costes de atención de reclamaciones, de almacenaje, de reparación de productos defectuosos, de atención al cliente, etc. lo que impide a la empresa tomar conciencia de la cuantía de sus costes de no calidad.

Un problema que se da con frecuencia en muchas organizaciones consiste en que incluso los costes de producción de los productos o servicios son unos grandes **desconocidos** para la mayor parte de los directivos.

El español López de Arriortúa cuenta que, en su etapa como Jefe de Producción de la General Motors en Zaragoza (España), hizo desmontar un Opel Corsa y colocar todas sus piezas en una sala, encima de una gran mesa, cada con una etiqueta que expresaba su coste.

A continuación, él mismo, junto con sus directivos, dedicó mucho tiempo a estudiar todas y cada una de las piezas a efectos de que todos tomaran conciencia de los costes de cada una como punto de partida para hacer una intensa reflexión sobre lo que se podría hacer para disminuirlos para así conseguir abaratar los costes totales de producción.

Lamentablemente, en el mundo de la empresa (y por supuesto en la Administración Pública) el conocimiento que los directivos tienen de los costes de producción de cada bien o servicio suele ser bastante escaso.

En una encuesta Gallup, realizada en 1986 sobre 698 directivos (senior) de distintas empresas respecto a los costes de calidad, resultó que el 23 por 100 de los directivos desconocía los gastos de producción de los productos o servicios y, obviamente mucho menos aún, la estructura interna de dichos costes (ejecución + calidad + no calidad).

Esto daba lugar a que tuvieran opiniones infundadas sobre los costes de producción. Así, el

70 por 100 de esos directivos estimaban que el coste de la mala calidad (errores, fallos, subsanación de defectos, atención de reclamaciones, etc.) representaba el 10 por 1000 o menos del total de las ventas brutas.

Sin embargo, el coste real de la no calidad basado en estudios y en la experiencia de los expertos daba, en muchos casos, una cifra mucho más alta, que llegaba a situarse entre el 25 y el 40 por 100 de las ventas.

Sin duda, una de las razones por las que el coste de la no calidad se ignora es porque el 64% de los directivos medían la calidad únicamente en términos de quejas de clientes, pero no tenían conocimiento exacto de los costes que implicaba atender las reclamaciones de los clientes.

Por otra parte, tampoco evaluaban el número e impacto de los clientes insatisfechos que no formulaban quejas pero que dejaban de ser clientes y daban mala publicidad a la empresa, y tampoco el coste de los recursos o potencial infrautilizado de la empresa.

La opción por la Calidad Total implica no sólo tomar conciencia teórica de que se pueden conseguir mejoras sino también ser consciente de la magnitud de la reducción de costes y subsiguiente incremento de beneficios potenciales que puede derivarse de tal opción.

La meta ideal es reducir a cero los costes por fallos internos y externos, incrementando los recursos asignados al control, pero especialmente a la prevención. El objetivo es prevenir la aparición de los costes de no calidad. Cuanto más se gaste en control y prevención menor será la cantidad de costes que aparecerán debido a fallos. Lo ideal sería llevar los costes de fallos a cero. Esto debe ser un objetivo ambicioso que todo programa serio de calidad debería tener en su horizonte.

11.2 Los costes de la No calidad

Los costes de la no calidad son los **costes de hacer las cosas mal**. A los costes de no calidad también se les denomina costes por falta de ajuste o costes de no conformidad (con lo que había que hacer).

Son todos aquellos en se incurre al hacer un trabajo inadecuado o inútil (ej. un informe que nadie lee; excesos de stocks, exceso de capacidad productiva; oportunidades desaprovechadas; desmoralización de los trabajadores, etc.

También aquellos costes derivados de no haber realizado correctamente el trabajo a la primera. (ej. costes de las reparaciones, o de la sustitución de piezas, costes de devolución de productos, costes de atender las quejas, indemnizaciones, etc.)

También cabe incluir aquí los costes correspondientes a actividades **innecesarias**, o inútiles, tales como reuniones sin propósito claro, la información redundante o de poco interés o utilidad, etc.

Los costes de no-calidad permiten seleccionar las áreas en las que es prioritario introducir mejoras. Aquellas actividades o procesos en los que se detectan altos costes de NO-calidad, es donde hay que **actuar más urgentemente** para mejorar la organización.

11.3 ¿Cómo calcular los costes de no calidad?

Todos los costes asociados con una actividad deben ser considerados como parte del total de los costes de funcionamiento.

La suma de costes de las distintas actividades que realiza la organización es el coste de funcionamiento de la organización.

Los costes principales son los siguientes:
- Trabajo directo
- Trabajo indirecto
- Materiales directos
- Costes de ocupación, espacio, luz,
- Apoyo administrativo (Nómina, almacenaje)
- Amortización de equipos.

Los costes de cada actividad se pueden desagregar en los tipos de costes anteriores. En cada uno de esos pueden aparecer costes de no calidad.

El **Análisis Funcional** permite establecer la estructura de la organización por actividades. Para realizar el análisis funcional conviene proceder como sigue:

- Desagregar la organización **en unidades** productivas, considerando como tales tanto las que crean directamente el producto o servicio final como aquéllas de apoyo.

- Desagregar el funcionamiento de cada una de esas unidades productivas **en actividades** productivas, respondiendo a la pregunta ¿qué productos genera cada unidad?, lo que permite ver la radiografía de la unidad por actividades.

Una vez que se tiene información sobre las distintas actividades en las que participa cada unidad hay que **identificar** las posibles **causas** de no calidad en cada una de ellas.

Esta información se obtiene principalmente consultando tanto a los empleados que realizan las actividades como a los clientes que reciben los productos de las mismas.

Todas las actividades se pueden estudiar a efectos de calcular los costes de no-calidad si bien ello requiere cierto nivel de experiencia, imaginación y creatividad. A veces podemos encontrar actividades en las que parece imposible calcular el coste de la no calidad. Por ejemplo,

¿cómo calcular los costes de no calidad en una Unidad dedicada a crear diseños o ideas originales?

Cabría considerar con costes de no calidad, el coste de los diseños que no se implantan, así como el coste derivado de los cambios que se introducen una vez que el diseño ha entrado en fase de producción.

Ahora bien ¿en qué medida cabría computar como coste de no calidad el tiempo que se emplea hasta que se encuentra una nueva y brillante idea?

Unas veces la idea aparece tras un largo periodo de investigación y reflexión. En otros casos, de repente. Por tanto, no es fácil calcular los costes de no-calidad de un área de Innovación y Desarrollo.

En las Unidades de producción, hay que tener en cuenta que, en muchos casos, costes aparentemente de control son en realidad costes de no calidad ya que de hecho no aportan valor. Como ejemplo, cabe citar en la Administración las sucesivas firmas en pirámide que en realidad muchas veces son firmas meramente formales pero que no aportan ninguna supervisión real.

También cabe considerar como de No-calidad aquellos costes de control en los que es más elevado el coste de control que el valor o la cuantía del gasto controlado. A veces cuesta más el personal que controla el gasto en taxis de los otros empleados que la cuantía total de gastos en taxis.

El cálculo de costes de no calidad puede encontrarse con la **oposición de los empleados**, que no ayudarán a su cálculo, o a identificar los costes de no-calidad, si consideran que esos datos pueden ser una amenaza a su permanencia en sus puestos de trabajo.

Solamente en la medida en que los empleados tengan **confianza** plena en que no van a ser despedidos estarán dispuestos a desvelar o reconocer cuáles de las funciones que realizan son inútiles.

Nadie en su sano juicio arroja piedras contra su puesto de trabajo. Si un empleado teme ser despedido no reconocerá que lo que hace sirve para poco ni que tiene poca carga de trabajo. En consecuencia: tan sólo en un clima de confianza estarán los empleados dispuestos a colaborar en la detección y eliminación de los costes de no calidad que se generen en su entorno de trabajo.

La organización debe promover la **colaboración del empleado**. Para ello, debe sentirse responsable de reubicar al personal en exceso en una actividad en otras actividades.

El empleado puede aceptar el trauma de tener que cambiar de puesto de trabajo en aras de una mayor eficiencia en la organización. Lo que nunca aceptará es que su puesto de trabajo se vea amenazado por un posible despido. En un contexto así no colaborará para detectar los fallos del proceso productivo.

La Calidad Total es incompatible con los programas de reducción de plantillas salvo en caso de crisis insalvable y, aún en ese caso, se debería explicar la situación al personal y negociar posibles soluciones. Sin embargo, toda organización de Calidad Total suele estar **mejor preparada** para reaccionar ante una posible crisis económica por el hecho de tener permanentemente una actitud creativa y previsora.

Una de las responsabilidades principales del Departamento de Mejora de la Calidad es diseñar una metodología de **identificación de los costes** de calidad y no calidad de la organización. Debe abordar, con visión amplia, el conjunto de los costes de la organización (personal, locales, consumos de material, equipamiento, etc.) y evitar incurrir en el error de obsesionarse por reducir costes en los pequeños apartados, tales como exceso de consumos de fotocopias, luz, teléfonos, etc.

No se trata de ignorar los costes menores. Se trata de concentrarse ante todo en las grandes partidas de coste, dejando para una revisión posterior aquellas que tienen menos incidencia en el conjunto.

Esta filosofía de concentrarse en lo más importante, implica dos cosas:

1. **No se debe pretender la exactitud absoluta** en el cálculo de los costes de no calidad. En muchos casos habrá que hacer estimaciones de costes y también habrá nuevos componentes de no calidad que se

irán descubriendo más tarde. A efectos de impulsar el proceso de mejorar, más vale un dato aproximado hoy que un dato más completo o exacto dentro de un año.

2. La introducción de mejoras es **paulatina**. Obtengamos información y sugerencias hoy y empecemos a introducir las que valoremos como prioritarias. Después iremos viendo los resultados, se detectarán nuevos costes de no calidad y se priorizarán e introducirán nuevas mejoras.

   Tampoco se debe pretender introducir todas las mejoras a la vez sino tan solo aquéllas que sean prioritarias y dentro de ellas aquéllas que tengamos capacidad suficiente para introducirlas.

Las cifras de los costes de no-calidad deben utilizarse fundamentalmente para informar a la organización y a todos los empleados sobre el potencial de mejora. **Nunca para amenazar** con castigos o sanciones a los presuntos culpables de la no calidad.

Recordemos que la TQM considera que la causa principal de los fallos se encuentra en el sistema y no en el individuo. Las cifras de costes de no calidad deben usarse para **estimular** a la Alta Dirección a creer en el potencial de la TQM y a apoyar su implantación.

También para **animar** a los empleados a buscar soluciones de mejora en un clima de confianza, lealtad y cooperación.

Rosander, como **ejemplos** de costes de no-calidad, cita los siguientes:

A. Costes de No calidad en la organización
Fallos en la producción: Tiempo y coste que requieren
- Tiempo que se tarda en descubrir un error.
- Tiempo que se tarda en corregir un error.
- Tiempo empleado en corregir la cadena de causa y efecto que produjo el.
- Costes de cartas, llamadas telefónicas y envíos para corregir un error.
- Costes de los desastres y accidentes causados.

Defecto en los suministros recibidos
- Coste de descubrir los defectos.
- Cadena de efectos: quejas de clientes.
- Costes de los accidentes y desastres causados por el suministro defectuoso.

Pérdida de tiempo o tiempo mal empleado:
- Pérdida de tiempo (coste para las personas).
- Pérdidas de tiempo (coste del equipo).

- Pérdida de tiempo (costes de mantenimiento).

Quejas de clientes:
- Coste del sistema de quejas (recibir, contestar y resolver las quejas)
- Litigios por daños y responsabilidad del producto.

Clientes perdidos:
- Pérdida anual por haber perdido clientes.
- Pérdidas originadas por el efecto de los clientes perdidos en otros posibles clientes.

Actitudes y comportamiento de los empleados:
- Daño a la imagen de la empresa
- Clientes perdidos
- Ventas perdidas.
- Tiempo excesivo.
- Trabajo administrativo innecesario.

Inversiones innecesarias:
- Equipamiento no utilizado
- Asesoría externa desaprovechada.
- Software inadecuado.

B. Costes de la No calidad para el propio Cliente

Para hacer que se corrijan los errores:

- Costes del cliente en desplazamientos, llamadas telefónicas o cartas, etc.
- Coste del tiempo del cliente empleado en ir a explicar el problema

Para hacer que se lleven a cabo reparaciones:
- Tiempo de espera hasta que recibe el producto reparado.
- Tiempo que el cliente deja de dedicar a su trabajo o negocio.

12 CÍRCULOS DE CALIDAD o GRUPOS DE MEJORA

En muchas organizaciones es frecuente observar que hay problemas evidentes, que parecen de fácil solución, ¿por qué, entonces, resulta tan difícil corregirlos? Porque **nadie asume la responsabilidad** de hacerlo. No hay nadie específicamente a cargo de las mejoras.

Todos los directivos están de acuerdo con el lema siguiente: *"Mejore constantemente su sistema de producción, sus productos y sus servicios."*

Ahora bien, en la práctica,
- ¿Actúan las organizaciones realmente bajo esa premisa?
- ¿Han establecido procesos para obtener información y opiniones sobre los productos y los servicios?
- ¿Han establecido cauces eficaces para recoger las sugerencias de los empleados y consumidores?
- ¿Funcionan dichos cauces?
- ¿Se dan respuestas a las sugerencias?
- ¿Es, en su caso, esa información accesible para los técnicos y diseñadores?
- ¿La utilizan?
- ¿Quién es el responsable de entregar dicha información a los diseñadores?

Fred Taylor propuso, a principios del siglo XX, una vía para la implantación de mejoras: crear una Unidad de Racionalización, Organización y Métodos, encargada de estudiar con detalle los procedimientos y proponer e introducir mejoras en los procesos.

A los operarios les competía ejecutar los procesos, a la Unidad de Racionalización buscar soluciones e implantar las mejoras

- ¿Sigue hoy siendo adecuada esa forma de proceder?
- ¿Son los expertos en organización y procesos las únicas personas adecuadas para sugerir las mejoras?
- ¿Tienen los empleados algo que aportar a la mejora o sólo son los agentes para implantarlas una vez formuladas?
- ¿En qué medida la filosofía taylorista de mejora es hoy válida para gestionar el potencial de conocimiento que tienen los trabajadores de la organización?

La TQM propugna una solución radicalmente **diferente a la taylorista**, centrada en los empleados e institucionalizada en los llamados Círculos de Calidad. La inadecuada gestión en el pasado de los Círculos de Calidad provocó el rechazo a los mismos, por lo que se les cambió de denominación por la de Grupos de Mejora. Sin embargo, su esencia, métodos de trabajo e importancia permanecen.

12.1 ¿Qué son los Círculos de Calidad?

Son de grupos de empleados, generalmente de una misma área de actividad, que se reúnen regularmente para identificar los problemas, proponer soluciones, implantar mejoras y nuevos procesos y observar el progreso de las medidas tomadas para resolver los problemas.

Los CC surgieron de la experiencia de gestión empresarial japonesa. Conviene recordar que fue en ese país donde primero arraigó la filosofía de Calidad Total, debido entre otras cosas al intenso sentimiento grupal que caracteriza a la **cultura japonesa.**

En Japón, en las organizaciones, los individuos se consideran miembros del conjunto antes que individuos y se enfatiza la prioridad del interés del conjunto antes que el interés del propio individuo. En este contexto las ideas de Deming encontraron un excelente caldo de cultivo. En la cultura japonesa, los empleados consideran que las nuevas ideas, las innovaciones y las mejoras **surgen del trabajo en común** y del intercambio de experiencias y observaciones realizadas con ocasión del cumplimiento de su tarea.

Las reuniones periódicas institucionalizadas de empleados para sugerir mejoras no fueron otra cosa que una forma natural de dar cauce a esa voluntad de compromiso con la empresa. La tradicional actitud japonesa de dar prioridad al interés de la colectividad se ha debilitado en las nuevas generaciones, más penetradas por el individualismo típico de Occidente, pero aun así subsiste en muchas las organizaciones y en la cultura japonesa en general.

Esa estructura participativa de los empleados para sugerir mejoras se trasladó a Occidente, bajo la denominación de Círculos de Calidad (CC).

Sin embargo, la experiencia ha puesto de manifiesto que no basta con crear una mera estructura para que la TQM funcione, de la misma manera que tampoco es suficiente con poner un buzón de sugerencias para que éstas proliferen.

En los años 70 y 80 se introdujeron en el Reino Unido muchos CC que fracasaron. Parece ser que la causa principal de este fracaso fue que se introdujeron como medida aislada pensando en que la mera creación de los CC mejoraría la calidad.

No obstante, no se les dio autoridad o formación suficiente para resolver problemas significativos, lo que ocasionó en muchos casos que los miembros del QC perdieran interés y que los CC se disgregaran.

También en Estados Unidos, casi todos los intentos de crear círculos de calidad han resultado un fiasco. Los directores norteamericanos han estado más interesados en localizar, a través de la información y del análisis efectuado por los CC, a quién atribuir méritos o a quién culpar de los fallos que en instituir una auténtica instrumento de mejora del sistema.

Se esperaba que mejorara la calidad por la mera creación de los CC, pero no se puede pretender que la Calidad Total funcione si no se capta la esencia de su filosofía. Una de las características de esa filosofía consiste en que el esfuerzo fundamental para implantar la TQM corresponde a la **dirección** de las empresas u organizaciones y que incluso una vez implantada la TQM el esfuerzo e impulso de la dirección continúa siendo determinante.

Si la dirección no apoya a los CC de forma clara e inequívoca, si no les dota de poder y de autonomía, los CC fracasarán.

La realidad es que la gestión excelente de los recursos humanos **es el punto más difícil** de toda Gestión Directiva ya que implica promover el desarrollo del Talento de los empleados, la utilización de sus Competencias y Creatividad, dar Oportunidades, Promover, Motivar y dar co-Responsabilidad.

En la TQM hay una función indelegable que corresponde solamente al líder, y que consiste en garantizar que todas las áreas y todo el personal trabajen en equipo. Una orquesta puede servir de ejemplo. **El director es el responsable** de lograr que todos los ejecutantes trabajen de forma coordinada.

La función de un líder es velar porque todos en su grupo trabajen juntos, y que ese grupo trabaje armoniosamente con el resto de la organización para lograr los objetivos de la empresa.

Aplicado a los CC: el directivo debe inspirarles un espíritu de cooperación constructiva y debe dejar inequívocamente claro que esa es la norma irrenunciable bajo la que deben funcionar.

Constituidos bajo estas premisas, cada CC es un conjunto de empleados que, juntos, se sienten no sólo comprometidos sino también impulsados y estimulados a analizar todos los problemas y a sugerir soluciones. Por eso, cuando se trate de formular sugerencias para introducir mejoras, es importante que estén presentes en los CC individuos con experiencia en las diversas áreas a las que puede afectar el diseño o implantación de la mejora.

El número de miembros de cada círculo de calidad no debe ser excesivo (entre 6 a 8) para que pueda haber un diálogo ágil y participativo. Todo trabajo en equipo conlleva un esfuerzo que debe ser simplificado al máximo adoptando una metodología de funcionamiento que lo haga lo más liviano posible. El tamaño del grupo es un factor esencial, aunque no el único, para lograr un funcionamiento ágil.

Al frente de cada CC debe haber un **responsable elegido** por el propio Círculo, que dinamice al equipo y lo impulse a obtener resultados concretos. Este papel suele ser difícil de desempeñar y requiere una experiencia y unas condiciones particulares.

El cargo de responsable del equipo puede hacerse rotar entre los miembros del CC ya que esto sirve también como experiencia a todos y cada uno para comprender mejor las peculiaridades, dificultades y beneficios del trabajo en equipo.

12.2 *Filosofía de los Círculos de Calidad*

En la gestión de todo grupo humano, y toda organización pública o privada lo es, se plantea una cuestión de fondo: ¿es posible encontrar un **punto de equilibrio** en el que el conjunto respete a la persona, en tanto que individuo, y en el que, al mismo tiempo, la persona considere que el interés general del conjunto forma parte también de su propio interés?

Erich Fromm, en su conocido libro *"El miedo a la libertad"*, puso de manifiesto que la exaltación de la libertad del individuo, en el sentido *"de hacer lo que me dé la gana"*, termina ocasionando al individuo inseguridad e insatisfacción.

En efecto, ese enfoque extremo de la libertad para sí lleva al individuo a, recíprocamente, temer la libertad de los demás, en la medida en que la misma pudiera, eventualmente, ser ejercida contra él. La libertad termina así siendo percibida como una amenaza en vez de como un marco para la autorrealización.

Muchos filósofos y pensadores han abordado este tema y, en general, terminaron concluyendo que había que reprimir en cierta medida la libertad para garantizar el orden social. La frase de Hobbes de que *"el hombre es un lobo para el hombre"*, sigue siendo compartida por muchos y, de ser esencialmente cierta, la vida social no podrá ser otra cosa que una jungla, más o menos civilizada, en la que hay y habrá que estar siempre a la defensiva, ante posibles ataques de los otros predadores humanos.

Este tipo de concepciones hacen que el individuo termine por tener miedo a la libertad y que esté dispuesto renunciar a parte de la misma, integrándose en un *"rebaño"*, para sentirse en cierta medida protegido en tanto que miembro de esa colectividad.

Obviamente, dice Fromm, esta situación no sería la ideal, puesto que exige que el individuo renuncie a una parte de su libertad y se integre en un *"guetto"*, más o menos amplio, lo que le obliga a aceptar las reglas de juego de ese grupo, aunque algunas de ellas estén en contra de sus ideales o principios. El individuo calla y no cuestiona esas reglas para sentirse acogido dentro del grupo. En este caso el individuo renuncia a la libertad plena de ser él mismo a cambio de la protección que recibe del *"rebaño"* en el que se integra.

En ese *"guetto"*, que incluso puede ser socialmente mayoritario, sus miembros se afanan en mantener las señas de identidad que lo diferencian de los restantes colectivos y grupos y defienden determinados intereses profesionales, empresariales o de creencias.

Nada hay de malo, en principio, en afiliarse al grupo más próximo a uno mismo y en colaborar a defender sus intereses legítimos y naturales.

El problema surge cuando esos intereses se conciben no ya como diferentes sino como antagónicos e irreconciliables con los de los restantes grupos. En ese momento el grupo, al igual que le ocurrió al individuo, se siente enfrentado a los demás, les tiene miedo y experimenta, en suma, temor a la libertad.

La **solución**, individual y grupal, a este miedo a la libertad consiste en **modificar el concepto de libertad** que engendró ese miedo.

La única forma plena de gozar de la libertad radica en sustituir la tradicional concepción egoísta de la libertad por un concepto solidario de la libertad. Esto implica considerar a los demás, individuos o grupos, como miembros de un gran conjunto en el que los intereses esenciales de todos pueden conciliarse.

Esta conciliación requiere una actitud solidaria, en la que se sea sensible a los intereses de los demás y en la que, por consenso, se acuerden unas reglas de juego que todos respeten y asuman como correctas y válidas al menos en tanto que no se cambien.

Sin embargo ¿es posible hacer **compatible** una filosofía de **solidaridad** con el funcionamiento **eficiente** de las organizaciones? ¿Acaso las organizaciones, y en especial las que operan en el mercado, no están concebidas para competir con sus rivales? ¿Acaso la competencia no implica necesariamente una actitud de antagonismo con el entorno?

No hay que caer en la ingenuidad de ignorar la realidad social y las posibles agresiones que pudieran ejercer nuestros competidores e, incluso, nuestros socios y colaboradores. Pero tampoco es realista afirmar que el éxito de una organización requiere el fracaso de las demás (en el punto 4 ya se abordó esta cuestión, pero por su gran importancia no está de más reiterarla aquí).

Algo similar se puede decir en el plano personal. El éxito de uno no tiene por qué requerir el fracaso de los demás. El futuro dejará de lado el concepto de Hobbes y pondrá de manifiesto, cada vez más, que la cooperación leal genera más beneficios que la rivalidad irreconciliable.

La TQM asume plenamente esta **filosofía de cooperación** dentro de la organización, e incluso con organizaciones del exterior tales como proveedores e incluso competidores. La cooperación no requiere igualitarismo en las remuneraciones económicas. Puede, perfectamente, darse en un contexto de salarios diferentes y de primas en función de resultados, pero, siempre con el requisito, de que las reglas de juego sean claras, aceptadas por el conjunto y susceptibles de cambio si se considerara que hay otra opción mejor.

Optar por la Calidad Total requiere estar convencido de que la filosofía de cooperación es correcta. Si, por el contrario, se sigue creyendo que la gestión de éxito se basa en el individualismo, la agresividad ejecutiva y la utilización de las palancas del poder, más vale renunciar, de entrada, a implantar la Calidad Total. Sería posible optar por la Calidad del Producto o el Aseguramiento de la Calidad, pero no por la Calidad Total.

12.3 *Cómo motivar a los Círculos de Calidad*

Los CC deben ser recompensados fundamentalmente de manera honorífica. La percepción de incentivos económicos se contradice frecuentemente con el espíritu de colaboración que inspira la Calidad Total y puede perturbar su implantación en la organización. Frecuentemente los sistemas de remuneración individual por méritos dificultan cualquier posibilidad de trabajo en equipo. Como señalaba John Wooden (famoso jugador y entrenador de baloncesto estadounidense): *"Es asombroso lo que se puede lograr cuando nadie se preocupa por quién se lleva el mérito"*

No obstante, excepcionalmente, cuando el CC haya dado lugar a una innovación concreta en un producto o proceso, que se haya traducido en una mejora muy substancial de los beneficios, cabe asignarle, en función de los beneficios obtenidos, una recompensa económica al equipo como conjunto para que procedan a su reparto.

Cuando se trata de mejoras paulatinas no resulta fácil cuantificar la reducción de costes o el incremento de productividad que se debe a las mismas. No obstante, cabe dar una cuantía, sin pretender una estimación matemática, por las mejoras, en abstracto, conseguidas.

En todo caso, hay que ser muy cuidadoso y evitar establecer a priori incentivos por la mera pertenencia a los CC. Es contraproducente que los empleados perciban los CC como lugares donde se recibe una recompensa salarial adicional, máxime cuando los CC operan más o menos dentro del horario habitual de la organización. Cabe no obstante concederlos puntualmente para acelerar el proceso de introducción de la Excelencia en una organización.

Por el contrario, el hecho de dirigir o de pertenecer a un CC, o al Departamento o Comisión de Calidad y el grado de la participación en los mismos puede y deben ser **tenidos en cuenta** para la **promoción profesional**.

De hecho, los CC ejercen un efecto **transformacional** sobre sus miembros; es decir, les impulsan a mejorar valores (compromiso), actitudes (proclividad a la participación) y cualidades (compresión de los procesos, comunicación, dirección de equipos, conocimientos, etc.) todo lo cual debería ser reconocido a efectos de carrera y promoción profesional.

El trabajo de los miembros de los QC también puede, y debe, ser reconocido mediante atenciones explícitas honoríficas tales como, ser recibidos por la dirección, ser invitados a una comida o celebración en su honor, etc.

12.4 ¿Cómo evaluar los CC?

Los Círculos de Calidad no siempre generan sugerencias de forma continuada. A veces no encuentran soluciones a los problemas que detectan porque, en muchos casos, su solución puede corresponder a un escalón muy superior.

Aun así, los miembros de los CC deben ser **estimulados** a señalar todos los problemas que detecten y a invitar al resto de empleados a que así lo hagan, sin señalar culpables y, si posible, sugiriendo las medidas adecuadas para evitarlos en el futuro.

Para realizar esta comunicación es suficiente con un simple impreso o un mero email a sus jefes respectivos. Si éstos no tienen competencia para resolverlos deben elevarlos al Departamento responsable o al CC que corresponda. Si no se adopta solución debe explicársele al empleado, o al Círculo, por qué no se toma ninguna medida.

Todo error señalado debe tomarse en serio. No se debe criticar ni ridiculizar a nadie, ni a ningún CC, por señalar lo que entiende es un error o problema. El enfoque debe ser siempre absolutamente constructivo y agradecer la opinión, independientemente de que la información dada sobre el posible error, sea útil o no.

Los CC deben **controlar su propia eficiencia**, especialmente el tiempo de respuesta y la adecuación de las medidas que sugieran para eliminar los errores o problemas que se hayan señalado.

El Departamento de Calidad, órgano encargado de promover la Calidad Total y de impulsar el funcionamiento de los CC, debe apoyar las actividades de los CC, y **evaluar su actuación** a efectos de impulsarles a mejorar su propio nivel de calidad.

Al hablar de evaluación existe una **tendencia simplista** a considerar que al final lo que cuenta son los resultados económicos y que por tanto lo que hay que tomar en consideración es la reducción de costes que cada CC haya logrado en los procesos o los nuevos diseños de éxito que haya elaborado.

Evaluar la actividad de los CC en función de su aportación directa al beneficio empresarial tiene varios puntos débiles.

Por un lado, no resulta fácil en muchos casos cuantificar el incremento de beneficios que corresponde a cada mejora.

Por ejemplo, ¿en qué medida ha repercutido en el incremento de ventas, la introducción de ciertas mejoras en la forma de atención a los clientes? ¿Cómo separarlas del efecto que haya podido tener la nueva campaña publicitaria?

Asimismo puede haber pequeñas mejoras que, por afectar al producto principal de la empresa, puedan tener una gran repercusión cuantitativa en la reducción de los costes totales mientras que otras pueden tener inclusive mayor incidencia por unidad de producto pero, por afectar a un producto del que se venden menos unidades, generar una repercusión global menor en los costes

¿Cuáles serían realmente más importantes y desde qué punto de vista? Unos generan ya un mayor beneficio económico, los otros pueden ser una innovación muchos más creativa que pueda tener ventajoso impacto futuro.

Por otra parte, es injusto creer que los CC sólo aportan valor en la medida en que reducen costes en los procesos. Su mera existencia **consolida una cultura** de empresa, centrada en la calidad y eso redunda en beneficio de la empresa, aunque su incidencia en los resultados económicos pueda no ser inmediata.

Por ello, Ishikawa considera inadecuado evaluar la actuación de los CC simplemente en función de los resultados y señala que se deben tomar también en consideración otros criterios. Propone que se evalúe la actividad de los CC en función de los siguientes factores:

Criterios de Evaluación de los Grupos de Mejora (CC) según Ishikawa	
Selección del tema	20 puntos
Esfuerzo de cooperación	20 puntos
Comprensión del contexto Y de los métodos de análisis	30 puntos
Resultados	10 puntos
Estandardización y evitación de repeticiones	10 puntos
Reflexión (replanteo)	10 puntos

Como se puede observar, Ishikawa tan sólo atribuye a los Resultados un máximo de 10 puntos sobre un total de 100, mientras que **valora con carácter prioritario otros aspectos** tales como:

- La importancia de los temas de estudio que han elegido los Círculos de Calidad (20 puntos)
- El grado de esfuerzo que ha realizado el CC: frecuencia y duración de las reuniones, número de asistentes, participación de los miembros del CC, etc. (20 puntos)

- El nivel de comprensión de la metodología de análisis de los procesos, lo cual se pone en evidencia si se han aplicado técnicas tales como el diagrama de causa y efecto, histograma, hoja de verificación, etc. Su aplicación habrá llevado al QC a tomar más conciencia de la complejidad de factores que afectan a la calidad (30 puntos)
- Los logros alcanzados en estandardizar y evitar reiteraciones en los procesos (10 puntos)
- El esfuerzo realizado para reflexionar y replantearse como mejorar el funcionamiento del propio CC (10 puntos)

Este método de evaluación que sugiere Ishikawa, está inspirado en un principio fundamental de la Calidad Total:

"Si se establece una filosofía y técnica de gestión adecuada, los buenos resultados se alcanzarán. Si la organización se centra en lograr la calidad de sus productos, procesos y del sistema de gestión, terminará por ser una organización de éxito".

12.5 Requisitos para el éxito de los CC

1. **Sentimiento de pertenencia** al CC, es decir que los individuos se sientan miembros de un equipo. La pertenencia al CC debe ser

voluntaria. No se debe imponer la participación de nadie en un determinado CC.

2. **Compromiso con la organización**. El funcionamiento de los CC debe organizarse de forma que no perjudique al proceso de producción general pero también sin que ello implique, salvo excepciones coyunturales, una prolongación del horario de trabajo. El funcionamiento del CC no debe crear conflictos con los objetivos de los Departamentos de que forman parte los individuos que constituyen el CC.

Los CC tienen derecho a proponer inclusive cambios revolucionarios en la organización del trabajo, pero sólo a proponer, no a decidir. La justificación de esas propuestas debe ser la misma que la razón de la existencia de esos Departamentos: cumplir la misión de la organización.

3. **Propósito bien definido**. El propósito de los CC es aportar soluciones de mejora. Si no las aportan, en un plazo razonable, deben cuestionarse su propia permanencia. Los CC no deben servir como excusa para que los empleados se ausenten del proceso de producción. Su propósito tampoco se limita a establecer o desarrollar relaciones personales.

4. **Miembros adecuados**. Es sumamente deseable que los CC incluyan a personas competentes y productivas.

No obstante, la composición de los CC, las relaciones interpersonales y su forma de funcionamiento, pueden disuadir a empleados muy capaces de participar en los CC, por temor a "perder el tiempo" o a "entrar en conflictos personales". Para contrarrestar estos obstáculos y lograr que en los CC se integren empleados valiosos, es fundamental el apoyo y supervisión del Departamento que coordina la puesta en marcha de la TQM y su seguimiento.

5. **Apoyo de la Dirección** a las actividades de los CC. Es el factor más determinante del éxito de los CC, sobre todo en las primeras etapas. Es necesario que la alta Dirección, directa o por delegación:
    o **Transmita**, sin dejar la menor sombra de duda, el propósito de la Dirección de implantar y apoyar la TQM.
    o **Explique** claramente la filosofía de la TQM.
    o Organice **formación** para el trabajo en equipo, en especial cuando se trata de una organización no habituada a ello.

- Haga un **seguimiento** constructivo del funcionamiento de los CC.
- **Reoriente**, en su caso, el funcionamiento de los CC hacia el cumplimiento de su razón de ser que consiste en aportar soluciones de mejora
- Reciba las **sugerencias** de los CC y les respuesta razonada y a un plazo breve, tanto se trate de una respuesta favorable como de rechazo de sus propuestas
- **Reconozca** el valor del esfuerzo y de los resultados de los CC.

13 ESTRUCTURA ORGANIZATIVA PARA LA EXCELENCIA

Los Círculos de Calidad, Unidades de Calidad o Grupos de Mejora o como quiera que se les llame, son las células básicas de la Calidad Total. Si no existen no se puede decir que se ha adoptado la filosofía de la Calidad Total. Se podrá decir que la organización desarrolla un gran impulso para la mejora y la innovación a través de la reingeniería, el neotaylorismo, los estudios de necesidades de los clientes (mercado), etc. Pero eso no es Calidad Total.

La Calidad Total exige la participación constante, activa y voluntaria del empleado y esa participación no se dará si no existe un cauce para producirse de manera continua. No basta con los buzones de sugerencias. La solución que propugna la TQM son los **Grupos de Mejora** que pueden ser diversos en su composición numérica y cualitativa y en su ámbito de actuación pero que deben existir como cauce de participación.

Por otro lado, fomentar la creación de los CC y mantenerlos funcionando eficazmente **requiere la existencia de un órgano clave que los impulse**, que los estimule y que reconozca o promueva el reconocimiento de sus logros y esfuerzos.

Este órgano clave es el **Departamento de Calidad**, el cual además debe ser el difusor de la filosofía de Calidad Total por toda la organización y el evaluador de los logros que se estén alcanzando. Este Departamento debe tener la mínima estructura de personal posible. Su función no es hacer, sino impulsar, aunque en la realidad impulsar exige un gran esfuerzo.

Es mucho más fácil conseguir resultados a corto plazo dando órdenes que animando y motivando, pero eso no sirve cuando se trata de crear una cultura organizativa nueva, una cultura de excelencia. Para lograrlo hay que convencer e implicar y eso no se logra dando órdenes.

Por ello el papel de Departamento de Calidad conlleva una **especial dificultad**. No debe aparecer como alguien que *"viene a dar trabajo a las Unidades"* sino como alguien que genera ilusión y promueve la creatividad y la innovación.

En la medida en que el número de Círculos de Calidad crece, aparece otra figura en la estructura organizativa de la Calidad: los **Coordinadores** de Calidad. Son figuras honorarias, generalmente una cada 3 o 4 CC y generalmente recaen en el presidente de alguno de esos 3 o 4 CC, por elección de ellos mismos.

Su función es, por un lado, de mera comunicación con el Departamento de Calidad, pero no detentan de forma exclusiva este papel de comunicación, de forma que todo CC puede plantear directamente al Departamento de Calidad algún tema específico por razones de urgencia o de mayor facilidad en la comunicación.

Por otro, los Coordinadores de CC tienen el papel de institucionalizar la comunicación entre los CC, a efectos de intercambiar sus experiencias respecto a los métodos a utilizar, logros alcanzados, líneas de estudio, etc.

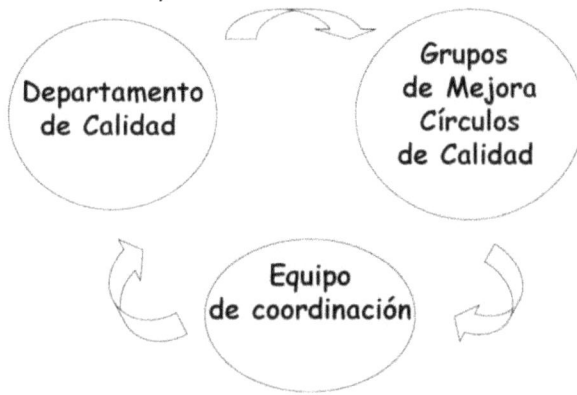

En las empresas pequeñas cabe la posibilidad de que el Departamento de Calidad esté constituido tan sólo por una o dos personas a tiempo parcial que, además de las funciones de su puesto, realizan las funciones propias de este Departamento.

No obstante, por pequeño que sea, es **imprescindible la existencia** de este Departamento para impulsar y coordinar las actuaciones necesarias para el cambio de cultura y, en especial, para vencer el rechazo, que suele existir en la mayoría de organizaciones, a dar participación a los empleados y a pedir sus sugerencias.

Las excusas son múltiples:

- *"como somos pocos, somos transparentes; por tanto, no hace falta un Departamento de Calidad"*,
- *"el empleado de base no tiene capacidad para participar activamente"*
- *"se perderá el tiempo"*
- *"más sencillo sería que su jefe inmediato le pregunte de vez en cuando"*
- etc. etc.

La realidad es que, en la práctica, en muchas ocasiones, el jefe **nunca encuentra tiempo para preguntar** su opinión al empleado y rara vez le pide sugerencias. Al final, el empleado se transforma en una máquina que realiza sin más la tarea asignada y que guarda para dentro de sí su potencial de creatividad y sus ideas.

En las empresas grandes y medianas se plantean los mismos problemas que en las pequeñas a la hora de tomar una decisión respecto a la creación del Departamento de Calidad. Sin embargo, en ellas, está plenamente justificado dedicar alguna o algunas personas full-time a promover las mejoras y, en particular, a promover la TQM.

En cualquier caso, el Departamento de TQM debe ser tener el **mínimo tamaño** imprescindible (1 o 2 personas) para funcionar y debe evitar incurrir en el error de burocratizarse. No es una institución de almacenaje de papel y datos.

Por otra parte, debe tener asignada una clara autoridad (posición jerárquica) y quedar vinculado directamente a la Presidencia o al Director General para evitar que su escaso tamaño pudiera inducir, a los demás órganos de la empresa u organización, a infravalorarlo o no hacerle caso.

La función del Departamento de Calidad es fundamentalmente de **impulso y de coordinación**. Hay que evitar el error de creer que la Calidad Total es una función exclusiva del Departamento de Calidad. Algunos autores han llegado a proponer que dada la especialización que implica la TQM hay que considerar la misma como una competencia especializada que reside en el Departamento de Calidad Total. En consecuencia, afirman, todo estudio o actuación conectada con la TQM debe ser gestionada por personal, especializado en calidad, de ese Departamento. **Esto es un grave error**.

La Calidad Total **no es una competencia exclusiva** del Departamento de Calidad. La filosofía, metodología, técnicas y evaluación de la Calidad Total nunca deben ser monopolio del Departamento de Calidad.

La obligación de éste es sembrar esa cultura, contribuir a su difusión y hacer que todos los Centros Directivos de la organización la comprendan, la discutan, la utilicen y la difundan a su vez. Es toda la organización la que experimentando la TQM debe contribuir a evaluarla, a profundizarla y a difundirla a su vez.

14 CÓMO IMPLANTAR LA EXCELENCIA

Una sucinta secuencia sobre cómo implantar la Excelencia en una organización podría ser la siguiente:

1. Captar con claridad **la Filosofía** de la Excelencia o TQM. Qué es, cómo funciona, cómo impulsarla. Es preciso insistir, aunque pueda parecer reiterativo, en que para poner en marcha un determinado tipo de gestión lo principal consiste en comprender la esencia de la filosofía que la inspira. La Excelencia no es una técnica. Es ante todo una filosofía que se apoya y utiliza técnicas que también pueden ser utilizadas parcialmente por otras filosofías de gestión.

2. Asumir que existen **Cuatro Pilares esenciales** en la Excelencia y que ignorar alguno de ellos implica estar fuera del sistema de Excelencia en la Gestión:

- Los **Clientes Internos** (personal y proveedores): Son los factores decisivos para lograr la Excelencia. Es imprescindible que los recursos humanos y los colaboradores externos de la organización, participen activamente en el análisis, propuesta, implantación y evaluación de las mejoras e innovaciones. Hay que lograr que se sientan corresponsables y comprometidos con la organización.

- El espíritu de **Mejora Continua**: Hay que buscar permanentemente vías y ámbitos en los cuales mejorar. Nunca se llegará al Óptimo absoluto. Las organizaciones, las sociedades, las tecnologías, etc son dinámicas. Siempre habrá nuevas metas que alcanzar, nuevas mejoras que introducir, nuevos métodos a aplicar. La Excelencia no existe si no se tiene un espíritu de Mejora Continua.

- Los **Procesos**: Toda generación de productos y servicios se hace a través de procesos. Uno de los factores principales de mejora radica en revisar y diseñar procesos eficientes, introduciendo en ellos nuevas tecnologías y nuevas formas de organización (ayer la informática, hoy el teletrabajo autónomo y quién sabe qué otras novedades a introducir mañana). Para mejorar los procesos uno de los caminos más prácticos es otear el horizonte, buscar buenas prácticas existentes, a través del benchmarking. La Excelencia se esfuerza por mejorar constantemente los procesos.

- Los **Clientes Externos**: Toda organización tiene como foco al cliente. La misión existe porque hay clientes a los cuales atender. Sin clientes la organización no tiene razón de ser. Satisfacer al cliente es el propósito de la organización.

Es evidente que la misión de la organización no se cumple o no es de valor, si sus clientes, quienes quiera que sean (Gobierno, empresas, ciudadanos), no están satisfechos. Por otra parte, el cliente es uno de los más eficaces suministradores de sugerencias que la organización puede encontrar. Despreciar este potencial es caminar hacia el fracaso a medio plazo.

La Excelencia requiere que se ponga un énfasis especial en escuchar y pedir la opinión de los clientes, la cual, además, es gratis.

3. Crear un Departamento de Excelencia (o TQM). Todo proyecto debe tener un centro impulsor. A veces, en especial en las organizaciones grandes y medianas, no es fácil que el líder de las mismas pueda dedicar su tiempo a difundir, involucrar y reorganizar a la organización en torno a la filosofía de la Excelencia.

La solución consiste en crear un Departamento, **lo más pequeño posible,** cuya misión sea implantar esta filosofía en la organización. Al líder de la organización le compete mostrar su apoyo inequívoco a la Excelencia. Al Departamento de Excelencia (o TQM) le compete instrumentarla en la práctica.

4. Diseñar un Plan de Formación en Excelencia (TQM) que explique y comunique qué se pretende, cuál es su filosofía y cómo implantar este tipo de Gestión. A veces puede resultar **difícil** para el directivo **entender la esencia de la filosofía** de la Excelencia. Tanto más difícil puede resultar su comprensión para el empleado que se halla centrado no en la Gestión sino en la ejecución de la tarea.

Un plan de formación **sencillo pero claro** y concreto es clave para transmitir a la organización esa nueva filosofía de gestión. Por otra parte, la TQM requiere nuevas formas de participación e implicación. Por ello resulta muy importante también la **formación en técnicas concretas** de obtención y análisis de sugerencias, en técnicas de trabajo en equipo, técnicas de evaluación de mejoras, etc.

Ishikawa señala que para lograr que la TQM cale y se implante es necesario que cada empleado reciba de 1 a 2 cursos sobre este tema. Asimismo señala que se requiere un periodo que sitúa en torno a 10 años para que la formación en TQM produzca efectos plenos y para que la cultura de la organización la asuma plenamente.

No obstante, hoy en día consideramos que la implementación y el cambio de cultura puede ser mucho más rápido si se pone la voluntad y medios necesarios (que no son muchos ni muy costosos). Por otra parte, sus efectos positivos se perciben desde el primer año de implantación.

5. Crear Círculos de Calidad (Grupos de Mejora) definiendo con claridad su esquema básico de funcionamiento. La participación del empleado debe instrumentarse y promoverse. Los Círculos de Calidad son los órganos de donde deben surgir la mayor parte de las propuestas concretas de mejora de procesos y productos. Si en una organización, no existen Círculos de Calidad, Grupos de Mejora, Comité de Autoevaluación, o como quiera llamárseles, no es posible calificarla como organización Excelente o de TQM.

6. Establecer un calendario para obtención de datos de Benchmarking, cálculo de Costes de Calidad y Propuestas de Mejora. La filosofía de Calidad Total no está reñida con la práctica.

No hay nada más práctico desde el punto de vista organizativo que establecer un calendario de acciones a realizar. Un calendario revisable y flexible pero que refleje las responsabilidades y compromisos que la organización asume.

7. Depurar y evaluar rápidamente las propuestas de los CC. Mantener vivos los Círculos de Calidad requiere reconocer el valor potencial de su actuación.

Hay que dar ágil, pronta y razonada respuesta a las propuestas concretas de mejora que formulen. No se trata de aceptar todo lo que propongan los CC simplemente por que provenga de ellos. Pero no responder a sus propuestas con rapidez y agilidad, aunque sea para rechazarlas, pone de manifiesto que no se les está reconociendo el papel esencial que les asigna la TQM.

8. Implantar las propuestas que se consideren oportunas. Obviamente reconocer el valor de una aportación vale de muy poco, si luego no se la pone en práctica. Las propuestas aceptadas deben implementarse, salvo que existan razones claras que lo impidan, tales como pudiera ser la falta de medios, en el caso de que exigiera un alto nivel adicional de inversión.

9. Evaluar los resultados de la implantación de las propuestas aceptadas. Los efectos de la mejora se ven tras su periodo de maduración. Al igual que en la implantación conviene contar con el apoyo de los CC en esta fase.

Pueden ser ellos mismos, o bien un CC distinto del que formuló la propuesta, los que la evalúen. Pero siempre se debe hacer una evaluación constructiva, razonada y pública para reconocer y aprender de la experiencia.

10. Volver a recorrer las nueve fases anteriores a un nivel más amplio (en más sectores de la organización) o con mayor profundidad (procurando que se aborden aspectos de mejora más radicales), introduciendo las ideas de mejora que se hayan obtenido de la experiencia propia y de la comparación con los mejores.

15 ERRORES FRECUENTES EN LA IMPLANTACIÓN DE LA EXCELENCIA

Las esperanzas puestas en la Excelencia en la Gestión se desvanecen a menudo cuando se trata de llevarlas a la práctica. Esto se debe a múltiples errores en la concepción o implementación de la TQM.

Entre los **errores más frecuentes** cabe señalar los siguientes:

1. Ignorar la importancia del cliente interno.

Uno de los aspectos más difíciles de toda gestión es involucrar a todos los empleados que lo deseen en el proceso creativo.

Los obstáculos que más se oponen a ello son el liderazgo personalista y la presunción de que la gente no va a colaborar o de que ello va a requerir demasiado tiempo o de que sus aportaciones serán de poco valor.

Esto da lugar a que la opción por la Excelencia, quede reducida, en la práctica, a una versión más o menos modernizada del antiguo planteamiento taylorista. Es decir, el cambio en la Gestión queda limitado a crear un Departamento de Organización y Métodos, que elaborará y propondrá las mejoras.

Si esto ocurre la Excelencia como sistema de Gestión quedará dejada de lado. Los empleados no serán considerados una fuente importante de sugerencias y, en el mejor de los casos, tendrán apenas la mera opción de presentar sus ideas a través de un Buzón de Sugerencias.

2. Pretender aplicar desde el principio la Excelencia en todas las actividades de la organización.

La implantación de la TQM se hace poco a poco. Al principio basta con centrarse inicialmente en algunas de las actividades importantes de la organización.

Una de las principales razones del éxito de la Unidad de Eficiencia para la Mejora de la Administración Pública de Gran Bretaña, durante los Gobiernos de Margaret Thatcher, consistió en lograr mejoras en actividades puntuales, incluso secundarias, pero que pudieran servir como ejemplo y estímulo para la mejora del resto de actividades de la organización.

Derek Rayner, director de la citada Unidad de Eficiencia, dejó que los propios Ministerios sugirieran aspectos de mejora en las actividades o Centros Directivos que les parecieran más oportunos. Posteriormente, por efecto de imitación, se indujo un proceso de reflexión y mejora en el resto de actividades y Centros Directivos de los Ministerios.

Por tanto, hay que evitar el error de pretender que desde el primer minuto, la TQM sea puesta en aplicación en todas las áreas de la organización. Es mejor concentrar los esfuerzos y obtener buenos resultados en algunas áreas, que en muchos casos se ofrecen como voluntarias para el inicio de la experiencia, y después extender este nuevo estilo y filosofía de la gestión al resto de Unidades de la organización.

3. Exigir la perfección desde el primer momento.

No se debe pretender la perfección, cosa que por definición nunca se puede alcanzar en un mundo dinámico sino crear una cultura de mejora continua. *"El camino se hace al andar"* como decía el poeta Antonio Machado. Siempre es posible encontrar ideas de mejora.

Implantar la TQM no quiere decir que toda la organización, en todas sus unidades, actividades y procesos, va a funcionar desde el día siguiente de forma impecable y sin fallos.

Los procesos requieren siempre un tiempo de rodaje para consolidarse y el espíritu de mejora precisa de tiempo para difundirse y asentarse en todas las actividades de la organización.

4. Crear procesos únicamente **para controlar** a los empleados.

Todos los procesos deben ser concebidos como medios para facilitar las actividades, incluyendo su propio autocontrol, pero no como mecanismos para controlar desde fuera lo que pasa.

Ello no quiere decir que la TQM niegue la utilidad de las listas de comprobación. Por ejemplo, resulta necesario que los pilotos de avión chequeen todos los indicadores antes de proceder al despegue. Igualmente es muy práctico que los encargados de la limpieza de las habitaciones de los hoteles sigan pautas de limpieza y de renovación de material para garantizar que la habitación ha quedado adecuadamente preparada.

Sin embargo, hay que evitar caer en el error de pensar que la esencia de la calidad total radica en una mera metodología mecánica o burocrática.

Es necesario que los empleados, cualquiera que sea su nivel, se sientan autorizados e incluso animados a proponer mejoras en los procesos, las cuales faciliten su trabajo y mejoren la consecución del producto o servicio final.

Es necesario que consideren el proceso como suyo e incluso la organización como suya y que no se sientan como meros servidores del proceso o procesos que tengan asignados. Los procesos no deben ser vistos por los empleados como el Gran Hermano que controla sus movimientos sino como una ayuda que les permite cumplir su misión con mayor facilidad y garantía de eficacia.

El Director de Calidad de la empresa Motorola fue rotundo al respecto: *"con las normas ISO 9000 se pueden tener pésimos procesos y productos. Hasta un fabricante que hace chalecos salvavidas de cemento, puede obtener el certificado ISO 9000 siempre que esos chalecos estén fabricados de acuerdo con unos procedimientos documentados y la empresa proporcione instrucciones minuciosas acerca de cómo quejarse por los defectos. Esto es absurdo".*

El proceso no se justifica por el proceso en sí, sino por el producto que genera y por las facilidades y garantías que aporta para que el empleado pueda hacer su trabajo sin fallos.

5. Caer en la tentación de **buscar culpables**.

Es tradicional en las organizaciones la tendencia a buscar los culpables de los fallos. Esta actitud es totalmente contraria a la filosofía de la TQM. Hay que actuar siempre con espíritu constructivo. El pasado es el pasado: ahora vamos a mejorar.

No busquemos culpables, no es lo más importante. Busquemos soluciones. La TQM señala que el énfasis hay que ponerlo no en identificar a los "culpables" sino en enviar notas de agradecimiento y felicitación a quienes proceda por los esfuerzos realizados y por los logros conseguidos.

16 CÓMO EVALUAR SI SE ESTÁ APLICANDO LA EXCELENCIA

Todas las filosofías de gestión, todas las técnicas de administración o dirección tienen impacto en la medida en que los líderes las hacen suyas, las comunican y las implantan.

Todas, también, se enfrentan finalmente a un reto: cómo sacar el máximo de esa filosofía, **cómo saber** si estamos optimizando su aplicación.

Una forma sencilla de evaluar la eficacia del director de una empresa puede consistir en ver la cuenta de resultados. Ahora bien, una mala cuenta de resultados en un año determinado puede ir acompañada de una eficaz labor de revisión de los procesos de producción cuyos efectos se notarán en los **años siguientes**.

Asimismo, haber mejorado en ese año el grado de satisfacción del personal probablemente puede traducirse en mayor motivación y mejores resultados en el futuro. Igualmente haber realizado una inversión en desarrollar las capacidades del personal es previsible que se plasme en una mayor productividad **después**.

En suma, **la evaluación de la gestión** del director de una organización debe contemplar por un lado en qué medida está **optimizando el uso de sus medios** tanto humanos como materiales, así como los instrumentos y capacidades directivas tales como el propio liderazgo, la estrategia y los procesos y por otro en qué medida sus **resultados son adecuados y coherentes** no sólo con los objetivos planificados sino con la propia misión de la organización.

La evaluación no debe sólo pensar en los resultados a corto plazo sino en el refuerzo y desarrollo de la capacidad de la organización.

Toda evaluación requiere una metodología que precise **qué** se quiere evaluar y **cómo** se va a hacer.

16.1 El modelo EFQM. Su origen

En 1988, catorce empresas líderes de Europa con la finalidad de ayudar a las organizaciones a mejorar su rendimiento, y de promover la utilización en Europa de la filosofía y práctica de la Calidad Total tomaron la iniciativa de constituir la European Foundation for Quality Management (EFQM).

Tomaron como referencia la existencia de metodologías de evaluación de la TQM (Premios Deming en Japón y Premios Baldrige en USA) y construyeron el modelo EFQM para promover su aplicación en las empresas y organizaciones europeas.

El modelo EFQM tiene gran similitud con los modelos usados en Japón y en América.

En realidad, todos los modelos de Excelencia actuales son muy similares los unos a los otros, aunque tengan ciertas variaciones en el número de los criterios a evaluar o/y en los contenidos (subcriterios) de cada criterio.

Todos pretenden evaluar lo mismo: en qué medida la organización o empresa evaluada ha implementado la filosofía de la Excelencia y las actitudes y comportamientos que se derivan de ella.

En 1991, la EFQM estableció el Premio Europeo a la Calidad y ofreció su modelo de evaluación a las empresas y organizaciones que quisieran usarlo para autoevaluarse o/y para concursar al Premio Europeo a la Calidad.

El modelo EFQM está concebido para ser utilizado **desde dentro, por la propia organización**.

En general, las empresas suelen realizar su propia contabilidad e interpretan ellas mismas las diferentes cuentas, que genera la contabilidad (cuenta de resultados o pérdidas y ganancias, balance de activo y pasivo y subcuentas vinculadas).

De forma similar, el modelo EFQM está pensado para ser entendido, asimilado y aplicado **por la propia organización** en un proceso que se denomina de **autoevaluación**, para evaluar su grado de Excelencia, sin necesidad de depender constantemente de consultoras externas.

Obviamente, en una primera etapa puede ser conveniente contar con un cierto asesoramiento externo para entender mejor y evaluar los factores del modelo, pero ni aún eso es imprescindible para empezar a aplicarlo.

No obstante, el apoyo de alguna institución de evaluación, tales como las especializadas en ayudar a implementar o evaluar el EFQM son útiles para poder validar la corrección de la autoevaluación y para facilitar el análisis e intercambio de experiencias con otras organizaciones que hayan optado por emplear ese u otros métodos de evaluación de la Excelencia.

16.2   Contenido del modelo EFQM.

Una buena gestión puede no producir resultados inmediatos y de forma similar unos buenos resultados pueden ser fortuitos y no deberse a una buena gestión. Ahora bien, cuando de forma continuada se realiza una buena gestión, los buenos resultados terminan por manifestarse.

El Modelo Europeo de Excelencia Empresarial (EFQM) evalúa cuantitativamente los parámetros más significativos de la organización a fin de indicar en cuáles de ellos **es posible mejorar** y en qué medida.

El Modelo EFQM analiza **nueve criterios** (o factores) que considera claves y que permiten hacer una radiografía de la gestión de una organización.

Asimismo, tiene una **metodología** básica de evaluación que a lo largo del tiempo ha ido introduciendo modificaciones en su forma, pero no en la esencia del método de evaluación.

Y una **estructura de puntuación** que ha ido evolucionando pero que no es la esencia del sistema.

Las filosofías tanto de Parménides como de Heráclito se manifiestan en el modelo EFQM.

Parménides, porque la esencia del modelo, sus originales nueve criterios y la metodología de evaluación se mantienen.

Heráclito, porque el modelo ha incluido cambios en el tiempo, tanto en el contenido de los criterios como en los sistemas de evaluación (cuestionario, formulario) y en las puntuaciones asignadas a los distintos criterios y subcriterios.

El modelo ha ido experimentando **sucesivas versiones**, las más recientes en 2006, 2010 y 2013, pero afortunadamente no han modificado su esencia. Subrayemos una vez más que el modelo debe ser un estímulo y acicate para la mejora, a través de procesos de autoevaluación. Ese sería el pensamiento de Deming.

No obstante, **es comprensible que** las organizaciones puedan desear que se les certifique, que se valide, la puntuación que ellas se hayan dado. lo que les da la confianza de que se han autoevaluado bien. También es comprensible que deseen ostentar hacer pública esa certificación y con ella optar a solicitar un sello o premio de Excelencia.

Sin embargo, Deming les diría que **eso es secundario** y que lo importante es la mejora conseguida que es lo que realmente da al mercado la auténtica imagen de la empresa u organización. Siempre hay que recordar que el modelo es una herramienta (medio) pero que el objetivo (resultado) debe ser la Excelencia.

16.2.1 Los nueve criterios del EFQM

Los originales nueve criterios **han cambiado ligeramente desde 1991**, pero su esencia sigue siendo la misma. (Por ejemplo, el criterio inicial Recursos, se ha transformado en Alianzas y Recursos, y el criterio Procesos en Procesos, Productos y Servicios)

Cinco de estos criterios evalúan **la gestión de los recursos** (liderazgo, política y estrategia, personal, materiales y otros recursos y procesos) llevada a cabo por una organización.

Los cuatro criterios restantes evalúan los **resultados** obtenidos (satisfacción del cliente, la satisfacción personal, los resultados sobre la sociedad y los resultados empresariales).

A continuación, se presentan a título de ejemplo aclaratorio, las ideas principales de los criterios del **modelo EFQM (2013)** así como su desagregación en subcriterios.

En todo caso invitamos a los lectores a acudir directamente a las publicaciones recientes del EFQM si desean una aproximación más detallada, actualizada y completa al modelo

Como se puede observar, los nueve criterios concentran las ideas principales que se han presentado en las páginas anteriores con respecto a la filosofía de Gestión que propugna la Calidad Total, y que es el marco en el que se encuadra la Excelencia o TQM.

1. Liderazgo.

El líder tiene un papel determinante para implantar y mantener la Excelencia. Por ello este criterio evalúa la medida en que el equipo directivo de la organización estimula, apoya y fomenta una cultura de TQM.

No se trata de evaluar si el líder es bueno o malo en sí, pues pueden existir líderes que pudieran considerarse extraordinarios, por ejemplo, desde la óptica de una gestión taylorista.

Lo que se pretende evaluar es en qué medida el comportamiento y las actuaciones del equipo directivo son acordes con la filosofía de la TQM y, en especial, en qué medida el equipo directivo inculca e impulsa la adopción de esa filosofía en todos los niveles de la organización.

Para ello se formulan preguntas tales como:

- ¿Manifiesta interés el líder por escuchar al cliente, a los proveedores?
- ¿Reconoce y agradece los esfuerzos del personal?
- ¿Fomenta la formación en Excelencia?
- ¿Manifiesta su apoyo a la TQM ante otras organizaciones empresariales o profesionales?
- Etc.

La evaluación del criterio **Liderazgo** se estructura en evaluar los subcriterios siguientes:

- 1a. Los líderes desarrollan la Misión, Visión, valores y principios éticos y actúan como modelo de referencia.
- 1b. Los líderes definen, supervisan, revisan e impulsan tanto la mejora del sistema de gestión de la organización como su rendimiento.
- 1c. Los líderes se implican con los grupos de interés externos.
- 1d. Los líderes refuerzan una cultura de excelencia entre las personas de la organización.
- 1e. Los líderes se aseguran de que la organización sea flexible y gestionan el cambio de manera eficaz.

2. Estrategia

Las actuaciones y manifestaciones del equipo directivo promueven mucho más la Excelencia si se reflejan de forma clara y precisa en la Estrategia de la organización. Recíprocamente la estrategia acordada debe ser el eje inspirador y orientador de la acción de los líderes.

La evaluación de este criterio pretende poner de manifiesto en qué medida la dirección considera la TQM como un elemento nuclear de la Estrategia de la organización y en qué medida se han tenido en cuenta sus principios al diseñar, elaborar y revisar el documento de Estrategia.

Para ello se formulan preguntas tales como:
- ¿Tiene la organización una Estrategia definida en la cual se propugna la TQM?
- ¿Se elabora la Estrategia siguiendo los principios de la Excelencia?
- ¿Quién participa en el proceso de elaboración?
- ¿Se ofrecen a los participantes unas vías de participación, que siguen los principios de la TQM?
- ¿Qué información y qué consideraciones se han tenido en cuenta?
- ¿Se consulta a clientes, proveedores y empleados?
- ¿Cómo se comunica la Estrategia al personal?
- ¿Mediante reuniones, circulares, etc?
- ¿Se revisa la Estrategia?
- ¿Se admiten sugerencias? ¿De quién?

- Etc.

La evaluación del criterio **Estrategia** se estructura en evaluar los subcriterios siguientes:
- 2a. La estrategia se basa en comprender las necesidades y expectativas de los grupos de interés y del entorno externo.
- 2b. La estrategia se basa en comprender el rendimiento de la organización y sus capacidades.
- 2c. La estrategia y sus políticas de apoyo se desarrollan, revisan y actualizan.
- 2d. La estrategia y sus políticas de apoyo se comunican, implantan y supervisan.

3. Gestión de las Personas

Este criterio pretende medir en qué medida la organización aprovecha todo el potencial de sus recursos humanos, cómo desarrolla las capacidades del personal, cómo involucra a plantilla, cómo se les reconoce su desempeño, etc.

La importancia, que la TQM atribuye al empleado como Cliente Interno, debe manifestarse en el estilo de gestión, desarrollo y utilización del potencial de los recursos humanos.

Para ello se formulan preguntas tales como:
- ¿Cómo se estimula el funcionamiento óptimo de los empleados? ¿Qué tipo de reconocimiento se propugna?

- ¿Se promueve el trabajo en equipos o círculos de calidad?
- ¿Se da formación para el trabajo en equipo? ¿Cómo se promueve la participación del personal?
- ¿Se recaban las opiniones del personal sobre cómo se está realizando la gestión del personal?
- ¿Se fomenta realmente la comunicación?
- ¿Se facilita el desarrollo del talento de cada empleado?
- Etc.

La evaluación del criterio Personas se estructura en los subcriterios siguientes:
- 3a. Los planes de gestión de las personas apoyan la estrategia de la organización.
- 3b. Se desarrolla el conocimiento y las capacidades de las personas.
- 3c. Las personas están alineadas con las necesidades de la organización, implicadas y asumen su responsabilidad.
- 3d. Las personas se comunican eficazmente en toda la organización.
- 3e. Recompensa, reconocimiento y atención a las personas de la organización.

4. Alianzas y Recursos

Este criterio evalúa cómo gestiona la organización sus restantes recursos, aparte del capital humano.

En qué medida utiliza el potencial que ofrecen sus recursos económicos y financieros, sus recursos de información, sus recursos tecnológicos, sus infraestructuras, etc así como sus relaciones con sus aliados

Para ello hay que formular preguntas como las siguientes:

- ¿Tiene claros quienes son sus aliados potenciales?
- ¿Ha definido bien sus relaciones con ellos para obtener el mayor beneficio mutuo?
- ¿Se utiliza bien el cash flow?
- ¿Se calculan los costes de no calidad?
- ¿Hay sistemas ágiles de intercambio de información dentro de la empresa?
- ¿Es complicado para las unidades acceder a la información, no reservada o confidencial, de que dispongan otras unidades o departamentos?
- ¿Se usa todo el potencial de información de que se dispone por ejemplo para divulgación científica o para ofrecerla como producto, con precio o sin él, a quien pueda estar interesado?
- ¿Se gestiona bien el almacén?
- ¿Se estudian las posibilidades de mejorar el sistema de suministro y almacenaje?
- ¿Se optimiza el uso de las instalaciones, locales, salas de reunión, puntos de venta, etc.?

- ¿Se usan adecuadamente los medios tecnológicos disponibles? ¿Están infrautilizados?
- ¿Se ha desarrollado alguna tecnología propia?
- ¿Se protege la propiedad intelectual propia?
- ¿Se ofrece como nuevo producto?
- Etc

La evaluación del criterio Alianzas **y Recursos** se realiza evaluando los subcriterios siguientes:
- 4a. Gestión de aliados y proveedores para obtener un beneficio sostenible.
- 4b. Gestión de los recursos económico-financieros para asegurar un éxito sostenido.
- 4c. Gestión sostenible de edificios, equipos, materiales y recursos naturales.
- 4d. Gestión de la tecnología para hacer realidad la estrategia.
- 4e. Gestión de la información y el conocimiento para apoyar una eficaz toma de decisiones y construir las capacidades de la organización.

5. Procesos, productos y servicios
Toda organización está orientada a cumplir su misión generando productos o servicios concretos a través de procesos.

La TQM subraya que un mal diseño de los procesos es la causa más significativa de los fallos en los productos, mucho más que el descuido o mala voluntad del empleado. Por ello un criterio esencial para el éxito de una organización radica en la importancia que atribuye a revisar y mejorar procesos.

Este criterio evalúa cómo la organización identifica, gestiona, revisa y mejora sus procesos, productos y servicios.

Esta evaluación debe efectuarse desde el prisma de la Calidad Total, que como se señaló es muy diferente del enfoque de Taylor. A título de ejemplo cabe señalar que el propio Taylor obtendría una puntuación lejana del máximo porque no otorgaba importancia a las sugerencias de los empleados (clientes internos) ni de los clientes externos.

Para ello se formulan preguntas[23] tales como:
- ¿Se han enumerado los procesos clave de la empresa en las distintas áreas de actividad?
- ¿Están detalladamente descritos?
- ¿Hay estándares de producción en cada fase del proceso?

---

[23] Originariamente, el criterio sólo se refería a Procesos. El modelo 2013 incluye también evaluar si los productos se desarrollan, promueven y producen de manera eficiente, y si hay buenas relaciones con los clientes. Por tanto también se incluyen preguntas acerca de estos temas.

- ¿Se hacen mediciones en cada fase del proceso?
- ¿Se reflexiona sobre esos resultados?
- ¿Sobre cuántos procesos están actuando los Círculos de Calidad?
- ¿Hay sistemas de captación de sugerencias sobre cómo mejorar los procesos?
- ¿Funcionan bien estos sistemas de sugerencias?
- ¿Se revisan los sistemas de obtención de sugerencias?
- ¿Se han introducido modificaciones en los procesos?
- ¿Se informa sobre los cambios a introducir en los procesos y su por qué?
- ¿Se admiten opiniones relativas a esos cambios?
- ¿Se han desarrollado, creado nuevos productos y servicios?
- ¿Se promocionan y difunden adecuadamente para que sean conocidos y se facilite su demanda o acceso a los mismos?
- ¿Se están produciendo eficazmente?
- ¿En qué medida se pone énfasis en el aspecto atención al cliente?
- Etc.

La evaluación del criterio **Procesos, Productos y Servicios** se estructura en los subcriterios siguientes:

- 5a. Los Procesos se diseñan y gestionan a fin de optimizar el valor para los grupos de interés.
- 5b. Los Productos y Servicios se desarrollan para dar un valor óptimo a los clientes.
- 5c. Los Productos y Servicios se promocionan y ponen en el mercado eficazmente.
- 5d. Los Productos y Servicios se producen, distribuyen y gestionan.
- 5e. Las relaciones con los clientes se gestionan y mejoran.
-

6. Satisfacción del Cliente.

En Calidad Total el concepto de cliente es central. Este criterio mide un aspecto clave la satisfacción de los clientes externos, sean éstos los ciudadanos, empresas o instituciones públicas.

La satisfacción del cliente constituye una garantía de estabilidad futura para la organización, bien porque implica que se ha captado una cuota de mercado, bien porque aporta servicios (salud, justicia, educación, legislación, etc.) que se consideran valiosos por los clientes y que justifican la continuidad de la organización.

La evaluación de la Satisfacción del cliente a través de sus opiniones directas o indirectas constituye un indicador de los resultados de la organización

Para ello hay que formular preguntas como las siguientes:

- ¿Están satisfechos con los productos y servicios?
- ¿Cuáles resultan más satisfactorios?
- ¿Están satisfechos con el trato recibido?
- ¿Y con el precio o coste?
- ¿Funciona bien la asistencia de mantenimiento?
- ¿Funciona bien el sistema de quejas y reclamaciones?
- ¿Son estimulados a proponer sugerencias?
- ¿Se les agradecen sus sugerencias?
- Etc.

El criterio **Resultados en los Clientes** trata, en suma, de evaluar qué logros se están alcanzando en la satisfacción de los clientes externos mediante:

6a. Mediciones de la **percepción** que los clientes tienen de la organización, en temas tales como: la reputación e imagen de la organización; el valor otorgado por los clientes a sus productos y servicios y su distribución de los mismos; el el servicio, atención y apoyo al cliente; el grado de fidelidad y compromiso del cliente, etc.

6b. Indicadores o **medidas internas** que utiliza la organización para supervisar, interpretar, predecir y mejorar su rendimiento y predecir su impacto sobre las percepciones de los clientes. Por ejemplo: su sistema de distribución de productos y servicios públicos; el funcionamiento de su servicio de atención y apoyo al cliente; la gestión de las quejas; el grado de implicación de clientes y aliados en el diseño de productos, servicios, procesos, etc.

7. Satisfacción del Personal

El personal es considerado por la TQM como el cliente interno. La medición de la satisfacción de los empleados constituye una expresión muy significativa del nivel de motivación y del potencial de compromiso con la organización. La lealtad, la disponibilidad, el interés del empleado son un activo para la estabilidad y el dinamismo de la organización y, por tanto, para su futuro y para su capacidad de producir valor.

Las encuestas de satisfacción del personal, realizadas en circunstancias de plena libertad (garantía de anonimato, precisión de las preguntas, etc.), constituyen un elemento fundamental para evaluar su grado de satisfacción.

Para ello hay que formular preguntas tales como:
- ¿Está satisfecho con su entorno de trabajo?
- ¿Es bueno el ambiente de trabajo en su departamento?
- ¿Le satisface el estilo de dirección?
- ¿Es justo el sistema de recompensas?
- ¿Comparte la filosofía de la organización?
- ¿Existen cauces adecuados de participación?
- ¿Considera justas las posibilidades de promoción profesional?

- ¿Cuál es el grado de seguridad en su puesto de trabajo?
- ¿Se ofrecen posibilidades de formación?
- Etc.

Además de las respuestas del personal, hay también que tomar en consideración datos objetivos tales como: Nivel de absentismo, fuga del personal a otras organizaciones, nivel de participación en equipos de mejora, etc.

El criterio **Resultados en las Personas** trata, en suma, de evaluar el grado de satisfacción de los empleados mediante los subcriterios siguientes:

7a **Percepciones que las Personas**, jefes y empleados, tienen de la organización en temas tales como: Satisfacción, implicación y compromiso; motivación y delegación y asunción de responsabilidades; valoración del liderazgo y de la gestión; valoración de la gestión de las competencias, talento y desempeño; de la formación, reconocimiento y desarrollo de carreras profesionales; existencia de una comunicación real y eficaz; condiciones de trabajo, etc.

7b. Medidas internas que utiliza la organización para supervisar, interpretar, predecir y mejorar el desempeño de las personas y predecir su impacto sobre las percepciones. Deben medirse aspectos tales como: las actividades de implicación y compromiso; las actividades de gestión de las competencias y del desempeño; las actividades de formación, reconocimiento y desarrollo de carreras profesionales; la comunicación interna, etc.

8. Impacto en la Sociedad

La Calidad Total postula que la organización tenga una visión de globalidad tanto en el tiempo como en el espacio. Por consiguiente, debe preocuparse no sólo del corto sino también del medio y largo plazo y no sólo valora sus efectos en su clientela inmediata sino también el **impacto en el entorno social** en que se inserta.

Por otra parte, en la medida en que la organización cause un impacto positivo en su entorno tanto mejor será la receptividad que la rodee y su propia imagen.

Por ello, resulta lógico considerar, como un resultado de la organización, los logros se alcancen en la satisfacción de las necesidades y expectativas de la comunidad local, nacional e internacional en general, aunque ello no forme parte de la misión específica de la organización.

Incluye este criterio la evaluación del impacto o influencia de la organización en la calidad de vida y la conservación de los recursos naturales, así como su nivel de implicación en la vida de la sociedad en general.

Para ello hay que pulsar la opinión de las instituciones públicas, medios de comunicación, organizaciones profesionales, sindicales, políticas, etc. y buscar asimismo indicadores objetivos, con preguntas tales como:

- ¿Consideran que nuestra organización es positiva para la sociedad?
- ¿Genera empleo directo e indirecto?
- ¿Perjudica el medio ambiente?
- ¿Cuida la estética del paisaje?
- ¿Colabora en actividades sociales fiestas, deporte, caridad, etc.?
- Etc.

El criterio **Resultados en la Sociedad** trate, en suma, de evaluar qué logros se están alcanzando con relación a la satisfacción de las necesidades y expectativas de la comunidad local, nacional e internacional en general (según sea apropiado). Cómo percibe la sociedad el modo en que la organización cuida la calidad de vida, el entorno y conserva los recursos naturales. Cómo se relaciona y colabora con las autoridades que influyen y regulan las actividades de la organización.

Ello se hace mediante la evaluación de los subcriterios siguientes:

8a. **Percepciones que la sociedad** tiene de la organización en aspectos tales como: el impacto ambiental; la imagen y reputación; el impacto en la sociedad (empleo, presencia, etc.); el impacto del lugar de trabajo; los premios que se le hayan otorgado; la cobertura en medios de comunicación; etc.

8b. **Medidas internas** que utiliza la organización para supervisar, interpretar, predecir y mejorar su rendimiento y predecir su impacto sobre las percepciones de los grupos de interés relevantes de la sociedad.

Deben medirse aspectos tales como: las actividades ambientales, económicas y sociales; el cumplimiento de la legislación y de las diferentes normativas oficiales; los resultados respecto a salud y seguridad; la gestión socialmente responsable de compras y proveedores, etc.

9. Resultados Clave

Los indicadores económicos son fundamentales para medir los resultados de toda empresa u organización. Cierto es que, en las organizaciones públicas, que no operan en el mercado, resulta más difícil evaluar este importante componente de los resultados, pero siempre hay forma de hacerlo comparando los estándares de costes con los de otras organizaciones; analizando la evolución con respecto a ejercicios anteriores de las ratios de coste por producto, etc.

También hay que tener en cuenta los resultados de producción independientemente del beneficio o costes económicos que hayan generado.

Se trata, en suma, de evaluar los logros se están alcanzando en relación con los objetivos empresariales planificados, así como el grado de satisfacción de las necesidades y expectativas de todos aquellos que tengan intereses, económicos o de otro tipo, con la organización, mediante:

Para ello hay que formular preguntas tales como las siguientes:
- ¿Qué beneficio se ha obtenido en el ejercicio?
- ¿Cómo ha evolucionado el beneficio con respecto a años anteriores?
- ¿Cuál es el incremento del valor del activo de la organización?
- ¿Cómo ha evolucionado su valor de mercado o en Bolsa?
- ¿Se han reducido los costes de producción por unidad de producto?
- ¿Ha aumentado la capacidad de producción?
- ¿Cómo ha evolucionado la rotación de stocks?
- ¿Cómo ha evolucionado el número de productos con fallos?
- Etc.

Su análisis se estructura en los subcriterios siguientes:

9a. Resultados **económico-financieros y no económicos** que demuestran el éxito alcanzado tales como: los resultados económico-financieros; las percepciones de los grupos de interés que aportan la financiación; los resultados de la gestión y control del presupuesto; el volumen de productos o servicios públicos clave; los resultados de los procesos clave.

9b. Indicadores económicos y no económicos que utiliza la organización para medir **su rendimiento operativo**. Medidas tales como: la gestión económico-financiera y presupuestaria; costes de los planes, programas y proyectos; costes unitarios por tipo de producto; el rendimiento de los procesos clave; el rendimiento de los aliados y proveedores; el desarrollo de la tecnología, información y conocimiento, etc.

16.2.2   El ciclo PDCA

El modelo EFQM usa un enfoque de evaluación basado en el ciclo PDCA de Deming (del inglés Plan-Do-Check-Act, esto es, planificar-hacer-verificar-actuar) o espiral de **mejora continua**, es una estrategia de mejora continua de la calidad en cuatro pasos, basada en un concepto ideado por Walter A. Shewhart.

En esencia se trata de evaluar si la gestión se ha realizado:

a. **Pensando previamente qué** se pretende que haga cada Medio de producción y planificando por tanto qué se espera de él. O dicho con términos del sistema, teniendo un buen enfoque del mismo, es decir teniendo una buena comprensión de qué se espera de cada medio.

b. **Poniendo en marcha** cada medio. Es decir, pasando del pensamiento a la acción.

c. **Revisando cómo ha funcionado** para ver si ha habido diferencias con lo previsto y valorarlo para aprender de todo ello y adoptar nuevos enfoques de actuación.

d. **Implementando** lo aprendido, esos nuevos enfoques.

A título de ejemplo, en el caso de Gestión de Personas habría que preguntar y ver si existen evidencias de que:

- ¿Se ha pensado cómo se les va a formar, cómo se les va a involucrar en la acción, cómo se va a programar la recogida de sus opiniones, etc.?
- ¿Se ha actuado, organizando la formación, motivando, recogiendo sus opiniones, etc.?
- ¿Se ha valorado si se ha cumplido el plan formación, sido útil, si el personal se ha motivado, si se han recogido sus opiniones, si han aportado ideas útiles, etc. y obteniendo conclusiones de todo ello?
- ¿Se han implementado actuaciones en función de lo que se haya aprendido de esas conclusiones?

El EFQM aplica el PDCA al que denomina la lógica **REDER** (Resultados, Enfoque, Despliegue, Evaluación y Revisión), para revisar y evaluar cada subcriterio.

Pretende de esta forma detectar los Puntos Fuertes que encuentre y también los Puntos Débiles, a los cuales, con un enfoque constructivo, denomina Áreas de Mejora para evitar connotaciones negativas, ya que en realidad cuando se detecta un Punto Débil, se está identificando un Área potencial de Mejora.

Según la lógica **REDER**, toda organización necesita:

- Establecer los **Resultados** que quiere lograr como parte de su estrategia
- Planificar y programar una serie de **Enfoques** sólidamente fundamentados e integrados que la llevan a obtener los resultados requeridos.
- **Desplegar** los enfoques de manera sistemática para asegurar su implantación.
- **Evaluar, Revisar, Perfeccionar** los enfoques desplegados basándose en el seguimiento y análisis de los resultados alcanzados y en las actividades continuas de aprendizaje.

EL CICLO PDCA → Esquema Lógico REDER

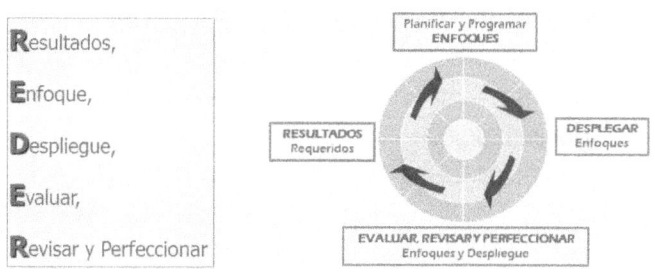

Resultados,

Enfoque,

Despliegue,

Evaluar,

Revisar y Perfeccionar

❖ Los elementos **Enfoque, Despliegue, Evaluación , Revisión y Perfeccionamiento**, deben abordarse en cada uno de los **Subcriterios Facilitadores**.
❖ El elemento **Resultados** debe abordarse en cada uno de los **Subcriterios de Resultados**.

Este esquema debe aplicarse **a cada subcriterio** a fin de preguntarse si el ciclo PDCA se está aplicando y valorarlo, a continuación, teniendo en cuenta las **evidencias** que se tengan en cada fase.

El modelo EFQM aplica a la gestión de los **Agentes Facilitadores** (los cinco primeros criterios) la metodología **PDCA** (REDER) utilizando la terminología siguiente:

- Para comprobar la existencia de la fase Plan, el EFQM utiliza el término **Enfoque**, que equivale a ver el grado de comprensión que se tiene de cada subcriterio y por tanto su forma de concebirlo para posteriormente aplicarlo.

- A continuación, para la fase Hacer (Do, en inglés) se utiliza el término **Despliegue**, es decir como se está llevando a la practica el enfoque teórico que se tenga del papel del subcriterio, si se ha aplicado con carácter general o sólo en algunas partes de la organización.
- Después para la fase Comprobar (Check, en inglés) el EFQM utiliza el termino **Medición**, con lo que se pretende verificar la eficacia y eficiencia de los enfoques teóricos y de su despliegue posterior. En suma ¿han funcionado bien los enfoques que se han desplegado?
- Finalmente, para la fase Actuar (Act, en inglés) el EFQM utiliza el término **Aprendizaje** y Creatividad con el que se pretende evaluar si la organización ha aprovechado su enfoque, despliegue y medición, para llegar a conclusiones que le permitan aprender y plasmarlas en **ideas de mejora** para implementarlas en la organización.

En el siguiente ciclo, el enfoque se habrá enriquecido con esos aprendizajes, que deberán desplegarse, medir su eficiencia y eficacia, volver a aprender y aportar nuevas ideas de mejora para así, sucesivamente, ir nutriendo el proceso de mejora continua que por definición nunca se acaba.

En el caso de los **Resultados**, el modelo EFQM aplica también la metodología **PDCA** (REDER) pues se pregunta si ha **planeado objetivos** adecuados, si los ha buscado **realmente**, si ha **comprobado** lo que ha obtenido y su validez y si ha **aprendido** algo para redefinir los objetivos a planificar para el ciclo siguiente.

Esto se hace para **cada tipo de Resultado** (en Clientes, Personas, Sociedad y resultados Clave):

- Preguntándose **si son un conjunto coherente** de resultados teniendo en cuenta la misión de la organización, si atienden a las necesidades y expectativas de los grupos de interés relevantes, si se adecuan con la estrategia y objetivos.

- Comprobando si los resultados **han sido oportunos, fiables, precisos y segmentados** adecuadamente por tipos de clientes, permitiendo obtener un conocimiento en profundidad de lo logrado por la organización, a efectos de, en su caso, redefinir los futuros resultados a obtener.

- Midiendo los resultados para observar si tienen **tendencias positivas** o si se ha tratado de un caso puntual, esporádico y observando si los resultados se alcanzan de manera continuada, de acuerdo con los objetivos estratégicos.

- Realizando **comparaciones externas relevantes para aprender** de las mismas. Valorando si hay confianza fundada de que los niveles de rendimiento se mantendrán en el futuro.

Tomar como eje el ciclo PDCA permite a las empresas entrar en una **dinámica de mejora integral** de los productos, servicios, procesos y procedimientos, reduciendo los costes, optimizando la productividad, reduciendo precios, incrementando y fortaleciendo su participación en el mercado y aumentando la competitividad y su rentabilidad.

Este enfoque de mejora continua puede a veces resultar **obsesivo o agotador** para los directivos, que tienen su preocupación central en gestionar el día a día, al igual que todas las unidades que están centradas en producir, pero **debe paliarse,** aplicando el sentido común en el establecimiento de los planes de mejora pues lo peor que puede suceder es que los directivos vean a la Calidad Total como un enemigo.

Si ello ocurriera y se generara un clima de desconfianza que lleve a los directivos a optar por callarse, habría que **reemplazar al responsable del Departamento de Calidad** pues evidentemente no habría sabido crear una cultura de excelencia en la empresa.

La Excelencia **incluye a las propias Unidades productivas** en la creación y mejora y no la deja como hacía Taylor limitada a los trabajos que realicen las tradicionales Unidades de Organización y Métodos.

Sin embargo, *¿cómo lograr que las Unidades productivas armonicen las exigencias de la producción y gestión del día a día con la participación en aportar su creatividad para la mejora continua?*

La tensión que ello implica puede dar lugar a una tendencia a delegar en el Departamento de Calidad Total o Excelencia la total responsabilidad del desarrollo de la mejora continua y, consecuentemente, a darle una cierta autoridad sobre las Unidades productoras, en orden a que aporten ideas y sugerencias de mejora.

Para evitar conflictos entre el Departamento de Excelencia y las Unidades productoras, muy importante se sugiere:

a) Delegar en el Departamento de Excelencia, el **impulso. no el desarrollo** de la mejora continua. El desarrollo deberá provenir fundamentalmente de las Unidades productoras.

b) Otorgar al Departamento de Excelencia (Comité de Calidad o como quiera se le denomine) un rol que enfatice la

cooperación, sin ninguna connotación jerárquica y que conlleve una clara compresión de la carga que el día a día implica para las Unidades productoras. Calidad

c) Reiterar frecuentemente que la creatividad es un resultado conjunto de la implicación y participación razonable de todas las Unidades de la organización.

16.2.3 El sistema de puntuación

Toda evaluación necesita poder expresarse en términos cuantitativos, aunque lo que mida sean aspectos cuya cuantificación dependa de la opinión subjetiva del evaluador.

Este es el caso de la mayor parte de evaluaciones que se efectúan en la vida social la evaluación conlleva apreciaciones subjetivas tanto si se trata de la belleza de un cuadro, como de la idoneidad de un proyecto de obra pública, del potencial de una persona como directivo o de la elección del caballo ganador de una exposición.

Sólo es posible hacer evaluaciones objetivas en los campos de magnitudes químicas y físicas, por ejemplo, sobre temas tales como el tamaño, distancia, peso, temperatura, espesor, densidad, longitud de onda, etc.

No obstante, para que la subjetividad no conduzca a la arbitrariedad o a decisiones personales con escaso fundamento, lo que se suele hacer es establecer unos criterios (o factores) a medir que constituyen el marco de opinión para realizar la evaluación de que se trate.

A cada criterio se le otorga un máximo de puntos, los cuales se reparten entre los diversos subcriterios que se hayan establecido para cada criterio. Esta estructura de evaluación ayuda a objetivar la subjetividad del evaluador. La objetividad se refuerza tanto más cuanto mejor y más precisa sea la definición de cada criterio y subcriterio.

En el modelo EFQM, tanto los criterios elegidos como los puntos asignados a cada uno fueron el resultado de las reflexiones efectuadas durante los trabajos para definir el modelo.

El modelo permite una puntuación máxima de 1000 puntos, de los cuales 500 son para evaluar la gestión de los medios de producción que hacen funcionar la organización y los otros 500 a los resultados obtenidos.

EL MODELO EFQM
Año 2000

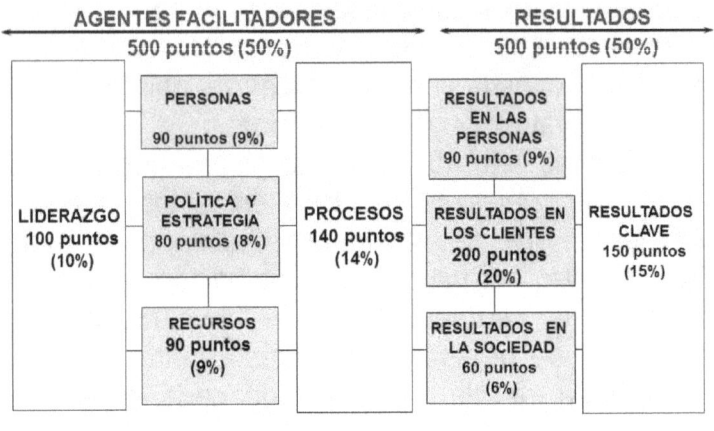

En su origen, el modelo EFQM atribuía un total de puntos diferente a cada criterio. Al Liderazgo 100, a la Estrategia y Política 80, a la Gestión de Personal 90, a la Gestión de otros Recursos 90, a Procesos 140, a la Satisfacción del cliente 200, a la Satisfacción del personal 90, al Impacto en la sociedad 60 y a los Resultados Clave o de negocio 150.

Hoy en día, el modelo ha cambiado su estructura de puntos y ha asignado 100 puntos a todos los criterios, excepto al de Resultados Clave y Satisfacción del Cliente, a cada uno de los cuales ha asignado 150 puntos.

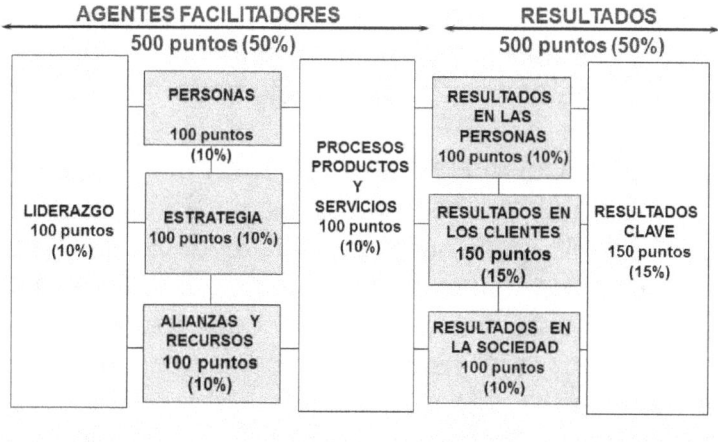

EL MODELO EFQM
Año 2013

No obstante, como subrayo en mis cursos, la **distribución de puntos no es la parte clave del modelo**. La parte fundamental son los nueve criterios y, sobre todo, la filosofía de la excelencia que subyace detrás.

Lo que todo Directivo excelente debe pretender es que su organización alcance la puntuación **máxima en cada criterio**, independientemente de que el EFQM le asignara, en el 2000, 80 puntos y en 2013, 100.

Obviamente los puntos deben ser tenidos en cuenta si se pretende concursar a un premio EFQM u obtener una Certificación EFQM de que se ha alcanzado una cierta puntuación.

Por otra parte, incluso en las mejores empresas, las puntuaciones más altas EFQM que se alcanzan suelen estar lejos de los 1000 puntos porque la Excelencia señala un horizonte. Siempre habrá margen para continuar mejorando.

El modelo EFQM de Evaluación de la Calidad Total, al igual que toda metodología de evaluación (por ejemplo, los métodos HAY, Bedaux, etc. de Valoración de Puestos de Trabajo), requiere del evaluador, ante todo, una clara **comprensión** de los principios que inspiran el modelo; después, un **conocimiento** adecuado de los criterios y subcriterios en que se estructura y, finalmente, experiencia en evaluación.

En el marco general del modelo EFQM se definieron después metodologías específicas para ayudar a la evaluación, teniendo en cuenta los contextos diferentes según se trate de Grandes Empresas o de Pequeñas y Medianas Empresas, Sector Público o Sector Privado, Centros educativos, Centros sanitarios, etc. La idea era adaptar los cuestionarios o interpretaciones a los marcos y peculiaridades de los diferentes colectivos.

En esa línea es factible que toda organización, de la que dependan diversas sedes o unidades similares, establezca, para cada subcriterio del EFQM unas líneas de interpretación, o cuestionarios simplificados y concretos, que faciliten y homogeneicen las autoevaluaciones realizadas por sus distintas sedes o unidades.

El objeto de las metodologías existentes debe ser **facilitar la tarea del evaluador**, tanto se trae de los evaluadores internos como externos, orientándoles con detalle y ejemplos sobre cómo evaluar cada subcriterio.

El modelo EFQM no es un objetivo en sí mismo sino un medio a través del cual se puede evaluar la excelencia. Al igual que cualquier otro modelo de evaluación, no es un modelo sagrado. Lo importante es su utilidad para promover la excelencia.

Una de las mayores amenazas para la excelencia es su burocratización. Incluso con la mejor de las intenciones, los departamentos de calidad pueden incurrir en el error de convertir la evaluación EFQM en un instrumento burocrático en lugar de ser una herramienta creativa y motivadora.

La puntuación de cada criterio y subcriterio se realiza utilizando sistemas de cuestionario o formulario (para mayor detalle visitar las páginas nacionales[24] o internacionales del EFQM) y aplicando el esquema PDCA, o lógica REDER antes explicado. Siguiendo los esquemas y utilizando las guías de apoyo de evaluación el comité de autoevaluación, y posteriormente el evaluador externo si se le solicita,

---

[24] Para mayor detalle se recomienda visitar las páginas Web del EFQM (www.efqm.org) y del Club de Gestión de la Calidad (www.clubcalidad.es)

van adjudicando puntos dentro del máximo de cada subcriterio, en función de las evidencias que vayan localizando.

Reiteramos que lo **esencial del modelo no son las puntuaciones numéricas** sino su utilidad para indicar, para cada uno de los nueve pilares, en qué medida se está haciendo una gestión excelente o por el contrario una gestión muy pobre, muy alejada de la Excelencia y para deducir de esas carencias la lista de mejoras a implementar.

La organización no está para servir al modelo, sino **el modelo para servir y orientar** a la organización. El gran reto de todo evaluador no es puntuar, cosa que debe hacer, sino sobre todo validar y sugerir áreas de mejora.

Durante la puntuación hay que tener en cuenta que la evaluación de los distintos criterios **debe guardar cierta coherencia interna.** Así, sería ilógico que en Gestión de Personal se haya asignado una puntuación alta y que en Satisfacción del Personal la puntuación resultara muy baja, ya que si se realiza una buena Gestión del Personal ello debería tener incidencia en el grado de Satisfacción del Personal.

Igualmente, resultaría difícilmente razonable que se obtenga una alta puntuación en Resultados del Negocio y una baja puntuación en Procesos y Gestión de Recursos ya que los buenos resultados, salvo circunstancias muy afortunadas, dependen de que se realice una buena gestión de los recursos y de que se vayan introduciendo mejoras en los procesos, lo que redunda en una mayor productividad.

En todo caso, para todos los que deseen profundizar en la metodología o recibir asesoramiento sobre cómo evaluar la Excelencia mediante el modelo EFQM, se les recomienda que estudien las publicaciones específicas sobre el modelo EFQM y su forma de evaluación o que se pongan directamente en contacto con la Fundación Europea de Gestión de la Calidad o bien con las respectivas organizaciones nacionales, públicas o privadas, acreditadas vinculadas con la TQM o Excelencia.

17   CONCLUSIONES

El mundo moderno es una realidad cambiante que afecta, en mayor o menor grado, a todos los países del mundo. El escenario mundial evoluciona muy rápidamente. Las nuevas tecnologías de la información, especialmente Internet, la globalización de los mercados mundiales y las crecientes relaciones entre los diferentes países, están configurando **un contexto muy diferente** del que conocieron nuestros padres.

Los líderes y directivos de hoy, tanto del sector privado como público, tienen ante sí, más que nunca, el **reto de gestionar con éxito sus organizaciones y por tanto sus recursos humanos y materiales**. Ello implica modificar muchos conceptos aun en vigor sobre el liderazgo e introducir cambios revolucionarios en el modelo de gestión. Los liderazgos personalistas se verán obligados, en un mundo de complejidad creciente, a buscar las aportaciones leales de sus colaboradores. Para ello será necesario que cambien su actitud habitual y **se abran sinceramente a la participación**.

Ni siquiera los liderazgos carismáticos podrán mantenerse si no aprenden a tratar a sus subordinados como adultos lo que, de nuevo, reitera la necesidad de abrir paso a la participación.

La TQM, o Excelencia, contiene un conjunto coherente de instrucciones y prácticas que asegura el éxito de la gestión de las organizaciones y que prepara a los líderes para responder a circunstancias desfavorables imprevisibles.

En un seminario organizado en la Universidad Complutense de Madrid en 1998 y 1999 sobre "Nuevas tendencias en gestión de recursos humanos" en el que participaron directores de los principales bancos españoles, empresas especializadas en la gestión de personal, y profesores de las escuelas de negocios, se señaló, como conclusión general, que los principales desafíos de la gestión de recursos humanos en este momento son los siguientes:

- La gestión del conocimiento
- La gestión de potencial humano
- La gestión del rendimiento
- Flexibilidad organizativa
- Optimización del Personal
- El estilo participativo de liderazgo

Teniendo en cuenta que el factor humano es esencial en toda empresa moderna, **una excelente Gestión de Recursos Humanos** aparece como una condición sine qua non para un buen liderazgo.

La Excelencia ofrece también respuestas concretas a todos esos retos que plantea la gestión de RR.HH:

1. La Excelencia enfatiza la importancia de la **Gestión del Conocimiento** del Empleado.

Uno de los pilares fundamentales de la Excelencia es lograr que la organización para beneficiarse de todo el potencial de innovación de los empleados con respecto a los procesos y productos, que es muchas veces desaprovechado.

La participación de los empleados y en especial el trabajo de los CCs es un instrumento muy adecuado para gestionar el conocimiento del personal relacionado con la mejora de los procesos de producción y con el diseño de productos.

2. La Excelencia asume la responsabilidad de la **Gestión del Potencial** de que los empleados tengan. La Excelencia propone un liderazgo capaz de elevar las competencias de los empleados y promover el desarrollo de sus talentos a las cuotas máximas. No hay que olvidar que uno de los más importantes factores de motivación personal consiste en ofrecerles oportunidades de desarrollo de sus talentos y de carrera.

3. La Excelencia promueve la **Gestión del Desempeño** de los empleados y las unidades de producción. No se limita sólo a promover una mera declaración de intenciones y compromisos de la dirección y los empleados.

Las cifras, los resultados y los índices de producción son considerados información concreta que permita evaluar si la actividad de la organización es correcta o no. Por lo tanto, son un indicador para decidir si se debe continuar de la misma manera o si hay que cambiar de ruta.

El mejor modo para obtener datos reales, no ficticios ni enmascarados es crear un clima de sinceridad y lealtad entre los clientes internos (empleados) y la gerencia. La Excelencia propone el reconocimiento de las cualidades y los logros de los empleados, evitando obsesionarse por buscar y sancionar a los posibles culpables de los errores. Esta actitud crea uno de los mejores contextos para hacer una Gestión eficiente Desempeño.

4. La Excelencia facilita la **Flexibilidad de la Organización** al dar prioridad a la consecución misión y al prestar mucha atención a la evolución del entorno.

Al observar los cambios en las organizaciones similares y al promover la revisión permanente de los procesos, la Excelencia da lugar a la adaptación organizativa racional y dinámica a las innovaciones tecnológicas y a las exigencias que provienen de los cambios en los procesos.

5. La Excelencia facilita la **Optimización del Personal**. El compromiso de la lealtad, recíproco entre jefes y empleados, facilita la estabilidad en la contratación y reduce las resistencias a la redistribución del personal y al reciclaje del personal.

6. La Excelencia estimula el estilo de **Liderazgo Participativo** al hacer hincapié en que sin una movilización de las sinergias y de las complementariedades que existen dentro de la organización, será difícil obtener el éxito. El buen funcionamiento de los Círculos de Calidad requiere un claro compromiso participativo de la gestión. A

su vez las propuestas constructivas de los círculos de calidad intensifican y consolidan el clima de participación.

7. Aparte de todos esos aspectos, la Excelencia enfatiza la **Importancia de la Misión,** que es la razón de ser de la organización, y esto lo logra **centrándose en el Cliente** que es el receptor final y principal de los productos de la Misión de la organización.

Lo hace a través de **dos actuaciones principales**:

A. Considerando la **Satisfacción del Cliente** como un indicador básico resultado, ya que la satisfacción tiene gran impacto en la imagen de la organización y en la estabilidad de los resultados.

Si el cliente llega a ser fiel a nuestra empresa, nuestros productos tendrán una mejor venta. Una clientela estable es una garantía para los resultados futuros de la empresa.

B. Consultando al Cliente y Analizando sus opiniones. No basta con esperar a que al cliente se le ocurra decirnos algo. Hay que ir a la busca activa de sus opiniones. Se trata de una fuente de información con un coste muy reducido (la mayoría de las opiniones de los clientes se obtienen gratuitamente).

Por otra parte tiene el efecto positivo de vincula al cliente con la organización y además pueden ser de gran importancia al sugerir la creación de nuevos productos. Asimismo sus opiniones facilitan un control real de la eficiencia de la producción y los procesos de entrega.

La conclusión final es clara e inequívoca: la Excelencia es **una filosofía y una técnica** de gestión eficiente, eficaz y práctica. Ofrece un **enfoque integral** racional y moderno capaz de llevar a las organizaciones hacia el éxito y, por qué no decirlo, aunque pueda parecer exagerado, a la felicidad.

18   BIBLIOGRAFÍA

Aguayo, Rafael *"El Método Deming"* Ed. Vergara Buenos Aires 1.993

Arriortúa, J.A *"López de Arriortúa según él"* Ed.Tikal 1994 Madrid

Arriortúa, J.A *"Tú puedes"* Ed.Lid 2010. 1.997 Madrid

Bueno, Eduardo *"La dirección eficiente"* Ed. Pirámide Madrid 1993

Chuen Tao, Luis Yu *"El Control de Calidad en la Empresa"* Ed.Deusto 1.990 Bilbao

Crosby, Philip B. *"Hablemos de calidad"* Ed. McGraw Hill. Madrid 1993

Deming, William *"Calidad, productividad y competitividad. La salida de la crisis"* Ed. Díaz-Santos. Madrid. 1989

Drucker, Peter *"Administración para el Futuro"* Ed. Parramon Barcelona 1.993

Grieco, Peter *"World Class. Excelencia empresarial"* Ed. Deusto, Bilbao. 1997

Hodgson y Crainer. *"Los hábitos de los grandes directivos"* Ed. Folio Barcelona 1994

Hörnell, Erik *"La competitividad a través de la productividad"* Ed. Folio. Barcelona 1.994

Ishikawa, Kaoru *"¿Qué es el Control Total de Calidad?"* Ed. Parramón 1994. Barcelona

Juran y Gryna. *"Manual de control de calidad"* Ed McGraw Hill, Madrid. 1993

Juran *"La planificación para la calidad"* Ed. Diaz Santos, Madrid.1990

Munro Faure, Lesley *"La Calidad Total en acción"* Ed.Folio 1994 Barcelona

Perez Gutiérrez, Marcial *"Como mejorar los métodos de trabajo"* Ed.Deusto 1.989 Bilbao

Peters, Tom *"En busca del Boom"* Ed. Deusto Bilbao 1.995

Peters y Waterman *"En busca de la Excelencia"* Ed. Folio 1.986

Peters y Austin *"Pasión por la excelencia"* 1992. Ed.Folio. Barcelona.

Peters, Tom *"Reinventando la excelencia"* Ediciones B Barcelona 1.993

Rosander, AC *"La búsqueda de la calidad en los servicios"* Ed. Diaz Santos. Madrid. 1992

Semler, Ricardo. *"Radical. El éxito de una empresa sorprendente"* Ed.Plaza Janés 1.993 Barcelona

Whitehill, Arthur *"Japanese Management"* (Ed.Routledge. Londres.)

Wooldridge, Adrian *"La hora de los gurúes"* Alianza Editorial. Madrid 1.998

English
Aguayo, Rafael *"Dr. Deming: The American Who Taught the Japanese about Quality"* (1991)

Crosby, Philip B. *"Quality Is Free"* (1979)

Crosby, Philip B. *"Quality Is Still Free: Making Quality Certain in Uncertain Times"* (1995)

Ishikawa, Kaoru *"What is Total Quality Control? The Japanese Way"* Prentice Hall (1985)

Juran, Joseph M. Juran and D. A. Blanton Godfrey *"Managerial Breakthrough: The Classic Book on Improving Management Performance"* (1995)

Juran, Joseph and Godfrey, A. Blanton *"Juran's Quality Handbook"* (1998)

Parasuraman *"Delivering Quality Service: Balancing Customer Perceptions and Expectations"* (New York: Free Press, 1990)

Peters y Waterman *"In Search of Excellence: Lessons from America's Best-Run Companies"*

Peters, Tom *"Thriving on Chaos: Handbook for a Management Revolution"* 1991

Peters, *Tom "The Pursuit of Wow! Every Person's Guide to Topsy-Turvy Times"* 1994

Rosander, AC *"Deming's 14 Points Applied to Services (Quality and Reliability)"* 1991

Semler, Ricardo. *"Maverick: The Success Story Behind the World's Most Unusual Workplace"* 1995